RITUAIS DE UMBANDA

EVANDRO MENDONÇA

RITUAIS DE UMBANDA

© 2017, Editora Anúbis

Revisão:
Viviane Lago Propheta

Projeto gráfico e capa:
Edinei Gonçalves

Apoio cultural:
Rádio Sensorial FM web
www.sensorialfm.com.br

Dados Internacionais de Catalogação na Publicação (CIP)
(Câmara Brasileira do Livro, SP, Brasil)

Mendonça, Evandro
   Rituais de umbanda / Evandro Mendonça. -- São Bernardo do Campo, SP: Anúbis, 2017.

   Bibliografia.
   ISBN 978-85-67855-44-8

   1. Umbanda (Culto) 2. Umbanda (Culto) - Rituais I. Título.

16-01176   CDD-299.60981

Índices para catálogo sistemático:
1. Umbanda : Rituais : Religiões
   afro-brasileiras   299.60981

São Paulo/SP – República Federativa do Brasil
Printed in Brazil – Impresso no Brasil

Este livro segue as novas regras do Acordo Ortográfico da Língua Portuguesa.

Os direitos de reprodução desta obra pertencem à Editora Anúbis. Portanto, não é permitida a reprodução total ou parcial desta obra, de qualquer forma ou por qualquer meio eletrônico, mecânico, inclusive por meio de processos xerográficos, incluindo ainda o uso da internet, sem a permissão expressa por escrito da Editora (Lei nº 9.610, de 19.2.98).

Distribuição exclusiva
Aquaroli Books
Rua Curupá, 801 – Vila Formosa – São Paulo/SP
CEP 03355-010 – Tel.: (11) 2673-3599
atendimento@aquarolibooks.com.br
Impressão e acabamento: Mark Press Brasil

Dedicatória

Essa décima segunda Obra, é dedicada especialmente ao meu grande amigo e irmão de religião, Paulo Sérgio de Vargas (Paulo de Oxalá), da cidade de Guaíba, Rio Grande do Sul, juntamente com sua esposa Nelci e filhos Jackson, Hiago e Jonas. Pelo amor e pela dedicação que fazem e cultuam a religião de Umbanda.

Estrela de seis pontas símbolo da Umbanda

Sumário

Prefácio	11
Umbanda	15
Kimbanda e Quimbanda	17
Da influência moral do Médium	21
Qualidades indispensáveis aos Médiuns	23
Palavras do Autor	25
Introdução	29
Ritual de Desobsessão	33
Ritual de Sacudimento	37
Ritual para Dia de Finados na Umbanda	41
Ritual do Fogo na Umbanda	43
Ritual de Descarga com Fogo na Encruzilhada	47
Ritual de Pemba	49
Ritual de desenvolvimento de Médiuns	51
Rituais com pontos riscados	53
Rituais de uso de amuletos, talismãs e patuás	55
Ritual de Cruzamento do Congá	57
Ritual de Corte na linha de esquerda	59
Ritual de Levantação	69
Ritual de Saída de Ecó	71
Ritual de Saída de Ebó	75
Ritual de Cantar para as almas	81
Ritual para despachar o Padê	83
Padê para Exu	83
Padê para Pomba-Gira	85
Batismo na Umbanda	89
Cruzamento de Médiuns na Umbanda	93
Alguns tipos de ervas	95

Mieró (Amací)	95
Cruzamento do Médium	97
Cruzamento de Guias na Umbanda	101
Cruzamento de imagem na Umbanda	103
Casamento na Umbanda	105
Cerimônia fúnebre	111
Missa em memória	115
Consagração da Pemba na Umbanda	119
Algumas imagens essenciais no congal, peji, altar de umbanda	121
Cosme e Damião	123
Educação	123
A consciência autoeducativa	123
Uma historinha de criança para adultos	125
Algumas palavras sobre Cosme e Damião	127
Orações a Cosme e Damião	131
Prece a Cosme e Damião	133
Mesa para as crianças	135
Características de Cosme e Damião	141
Defumações de Cosme e Damião	143
Banhos de Cosme e Damião	145
Simpatias de Cosme e Damião	147
Para a criança andar logo	147
Para evitar o aborto	147
Para evitar brotoejas num recém-nascido	147
Para a criança deixar de urinar na cama	147
Para desmamar uma criança	148
Para criança dormir bem	148
Para criança sair-se bem em provas	148
Para crianças com problemas de peito	148
Para criança com asma	148
Para crianças que enjoam (vomitam) durante viagens	148
Para cortar o medo da criança	149
Para curar uma criança de urina solta	149
Para uma criança dormir sossegada	149

Para realizar um desejo.	149
Oferendas, Rituais e Trabalhos de Cosme e Damião	151
Segurança para mulheres grávidas	151
Segurança de quartinha para criança	152
Oferenda para mulher engravidar.	154
Ritual para curar e acalmar uma criança nervosa	155
Trabalho para problemas espirituais com crianças	156
Ritual para afastar uma pessoa	156
Ritual para saúde de uma criança (povo do Oriente)	157
Oferenda para fazer um pedido	157
Oferenda aos Cosmes, Erês e Ibejís	158
Ritual para obter favor das "crianças" sob proteção de Iemanjá	158
Para a cura de uma criança	159
Para unir duas pessoas amigas.	160
Ritual para pedir saúde e proteção à criança doente	160
Oferenda para acalmar uma criança muito agitada	161
Oferenda para a criança melhorar nos estudos	162
Amalá aos Cosmes	162
Oferenda às crianças	164
Pontos Cantados de Cosme e Damião	165
Alguns nomes de Cosmes	169
Nomes e significados de símbolos usados na Umbanda	171
Algumas personificações na Umbanda	173
Calendário festivo dos santos católicos e alguns sincretismos umbandista e africanista	175
Os gêmeos Ibejí e Hoho na África	179
Crianças Índigo na Umbanda	183
Recomendações finais.	187
Mensagem final	189

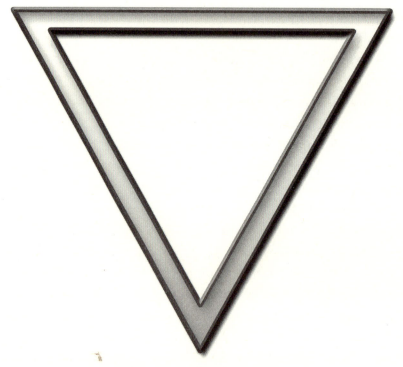

Triângulo força de Exu e Pomba-Gira

Prefácio

Conheci o escritor e Babalorixá Evandro Mendonça há algum tempo por intermédio de meu pai, e imediatamente fizemos amizade.

Depois disso, inúmeras vezes presenciei e auxiliei o mesmo em diferentes rituais religiosos, nos quais sempre foram observados por mim o seu respeito, zelo e o cuidado para com a religião. Sua responsabilidade e seriedade, me motivaram a convidá-lo para apadrinhar minha obrigação de aprontamento e entrega de axés de obés[1] e Ifá[2], na religião africana. Sempre que questionado sobre algum ritual religioso, ou mesmo durante longas conversas que tivemos sobre religião, pacientemente ensinou e repetiu os saberes adquiridos em outrora. Hoje me faz sentido a frase: "– Não é à toa que as pessoas entram em nossas vidas". Quando o autor me pediu para que fizesse a isagoge de seu livro "Rituais de Umbanda", senti-me lisonjeado, porém, ao mesmo tempo apreensivo pela responsabilidade a mim confiada. Apresentar sua décima segunda obra, importante para os leitores, irmãos de fé e também para a literatura umbandista, não é uma tarefa fácil. Mais aceitei.

Durante a transição dos séculos XVIII, XIX, e XX, se intensificaram as manifestações de espíritos, principalmente em médiuns. Entretanto, essas manifestações voltadas para a comunicação e, sobretudo à caridade, já ocorriam no Brasil há séculos, não obstante de forma desorganizada, posto que os espíritos não possuíam o respaldo de outras religiões para se comunicarem com as pessoas encarnadas. Com o aumento constante da população, também pela evolução e guerras que estavam por vir, se fez necessário à organização espiritual e física de uma nova religião, para que se avançasse o trabalho do plano espiritual em benefício aos seres humanos e com isso fosse cumprido o determinado. Nessa época, o espiritismo não admitia a presença de espíritos de índios, escravos, etc., o mesmo ocorria nas religiões de

---

1. Obé é uma palavra Yoruba que significa faca.
2. Ifá é uma palavra Yoruba que significa sistema divinatório. Nas religiões de matriz africana cultuadas no Brasil, chamamos de Ifá, o jogo de búzios.

matriz africana com seu culto aos orixás. Dessa forma, surgiu uma nova religião, uma religião que permitiria a manifestação de qualquer espírito de luz, que estivesse apto a praticar a caridade. Essa religião é nossa amada Umbanda.

A umbanda foi fundada no Brasil em 1908, pelo médium Zélio Fernandino de Moraes, contribuindo para que diversos espíritos de luz pudessem se comunicar e por consequência praticar caridade, cooperando para o auxílio e evolução dos irmãos encarnados e do planeta em que vivemos. Hoje, a Umbanda é praticada em todo território brasileiro e em alguns países estrangeiros. O médium Zélio de Moraes incorporava o Caboclo das Sete Encruzilhadas, o preto-velho, pai Antônio e orixá Malé[3]. Nessa época, dificilmente se trabalhava com a linha da esquerda[4], principalmente em sessões públicas. Os trabalhos com essa linha eram destinados somente a limpezas ou desmanche de trabalhos contra os membros dos terreiros ou simpatizantes.

O primeiro terreiro de Umbanda fundado em solo brasileiro, foi à tenda nossa senhora da piedade. Caboclos, Pretos-velhos e demais guias espirituais, trouxeram consigo ensinamentos alicerçados no amor, verdade e justiça. Nos primeiros centros de Umbanda, não se percebiam o toque de tambores, as sessões eram realizadas com o auxílio de uma mesa, sobreposta por uma toalha alva, entre outras diferenças desnecessárias nesse prelúdio. Diversas mudanças ocorreram nesses quase 107 anos de Umbanda. Essas mudanças foram essenciais para que a religião se expandisse e resistisse às mudanças naturais impostas pelo progresso. A umbanda evoluiu.

Dentre as evoluções da religião Umbanda, destaco nesse anteâmbulo, o aumento da manifestação das linhas de esquerda em sessões públicas. Nossos guardiões, exus, pombas-gira e mensageiros da Umbanda, são verdadeiros soldados com suas tropas de choque, trabalhando para a proteção dos templos, dos médiuns e demais simpatizantes, tendo também a difícil missão de cobranças cármicas e

---

3. O orixá Malé incorporado por pai Zélio, não é um orixá africano, e sim um Caboclo da linha de Ogum, especialista em desmanchar trabalhos de baixa magia. Orixá Malé se manifestava somente em ocasiões especiais e foi o responsável por introduzir na Umbanda os ponteiros de aço, as oferendas com comida, e também os pontos riscados. Malé significa abismo.

4. Na Umbanda trabalhamos com a linha da direita e, com a linha da esquerda. A linha da esquerda é composta por exus e pomba-giras. Os exus e pomba-giras nada têm a ver com demônios ou coisas parecidas. São incansáveis trabalhadores do bem, mensageiros e guardiões. Dentro da Umbanda, seja ela pura ou cruzada, ou mesmo nas religiões de matriz africana, não existe culto ao diabo. Esse ser também não existe no espiritismo, sendo uma criação católica.

encaminhamento de determinados espíritos. Nos dias de hoje, as giras de linha de esquerda arrastam multidões aos terreiros, pela proximidade e acessibilidade transmitida aos médiuns e pessoas em geral, durante as consultas. Muitas vezes, os consulentes possuem determinado receio para tratar alguns assuntos com caboclos e pretos-velhos, por ser de natureza íntima.

Caros irmãos de fé, a perpetuação dos saberes religiosos por meio da literatura, também é uma forma de evolução da religião e dos médiuns. Estamos na era da tecnologia e pela seguida "correria" do dia a dia, em que é preciso constantemente lidar com vários assuntos ao mesmo tempo. É valioso o registro dos saberes para futuras consultas, apesar da resistência de caciques de Umbanda, sacerdotes, feitores, Babalorixás e Yalorixás, insistindo que o conhecimento religioso deve ser somente oral e, em "segredo", proibindo em alguns casos inclusive, qualquer tipo de anotação. Esse "segredo" destruiu boa parte dos ensinamentos transmitidos nos terreiros. Vários Umbandistas antigos ou mesmo Babalorixás e Yalorixás, por vezes não tinham filhos para repassar o que sabiam. Levamos em conta também, o fato de muitos adeptos terem esquecido partes dessa transmissão oral, por não realizarem alguns rituais com frequência. Isso contribui para que parte dos terreiros em funcionamento, trabalhe com conhecimentos superficiais, transmitindo isso adiante, quando não, inventando rituais religiosos.

No livro, "Rituais de Umbanda", o autor nos brinda com diversos rituais antigos de Umbanda, explicados de uma forma didática, detalhada e objetiva, típico de um médium preocupado em deixar para a posteridade seu conhecimento adquirido por anos, vivenciados dentro da Umbanda e em prol da caridade. Vale a pena sorver os saberes amealhados neste livro. A postura de um médium dentro e fora do terreiro é importante e o autor preocupou-se em compartilhar acerca da influência moral e qualidades dos médiuns, para melhor se aproveitar das energias de nossos guias espirituais. Trouxe também, o difícil ritual de desobsessão, que a meu ver é delicado e muito importante. Podemos igualmente encontrar rituais de sacudimento, descargas com fogo na encruzilhada, rituais de pemba, desenvolvimento de médiuns, amuletos, talismãs, cruzamento de congá e muitos outros que o leitor terá o prazer ler.

Um número significante de médiuns umbandistas, também cultuam a linha da esquerda, prestando homenagens e obrigações aos mesmos como forma de agradecimento, pedidos ou manutenção da energia recebida.

Alguns médiuns trabalham com exus e pombas-gira desde seu ingresso na religião da Umbanda, outros, com o passar dos anos. Com base nesse fato, o autor além de compartilhar rituais para a linha da direita, também teve a preocupação em revelar com maestria, rituais completos para a linha da esquerda, explicando minuciosamente a forma de sacralização de animais (corte), e levantação, de forma detalhada, facilitando a compreensão para futura execução dos mesmos. Tão importante quanto arriar uma oferenda, é fazer seu levantamento, e o autor teve esse cuidado. Ainda é possível o leitor encontrar neste livro, orações antigas, trabalhos para diversos fins e pontos cantados de raiz, como sugestão para diversas ocasiões.

Faço votos para que os irmãos de fé usufruam esta valiosa obra da melhor forma, pois, a mesma irá ao encontro das principais necessidades vivenciadas no dia a dia pelos médiuns, nos terreiros de umbanda.

O leitor terá a oportunidade de conhecer e ao mesmo tempo se impregnar, pelos rituais antigos de Umbanda, esquecidos por muitos, numa viagem transmutável e apaixonante por essa que é uma religião tipicamente brasileira. Ao autor Evandro Mendonça, deixo um abraço fraternal, desejando sucesso, saúde e parabenizando-o por essa belíssima obra e pelas anteriores, rogando ao pai Oxalá e a todos os guias de Umbanda, à benção para todos nós.

Axé meus irmãos...

Professor e Babalorixá Jackson Luís Santos de Vargas
Jackson de Ogun Avagã
Guaíba, verão de 2015

Umbanda

Umbanda é uma **religião brasileira** formada através de elementos de outras religiões como o catolicismo ou espiritismo, juntando ainda elementos da cultura africana e indígena.

A palavra é derivada de *"u'mbana"*, um termo que significa "curandeiro" na língua bantu falada na Angola, o quimbundo. A umbanda teve origem nas senzalas, em reuniões onde os escravos vindos da África louvavam os seus deuses através de danças, cânticos e incorporavam espíritos.

O culto umbandista é realizado em templos, terreiros ou Centros apropriados para o encontro dos praticantes, onde entoam cânticos e fazem uso de instrumentos musicais como o atabaque. Apesar disso, quando a Umbanda foi criada, não existiam manifestações musicais, como cânticos e utilização de instrumentos.

O culto é presidido por um chefe masculino ou feminino. Durante as sessões são realizadas consultas de apoio e orientação a quem recorre ao terreiro, práticas mediúnicas com incorporações de entidades espirituais e outros rituais.

O culto se assemelha ao candomblé, no entanto, são religiões que possuem práticas distintas.

Ao longo do tempo, a umbanda passou por transformações e foi se demarcando de outras religiões. Também criou ramificações, algumas delas são descritas como: **Umbanda Tradicional**, criada no Rio de Janeiro pelo jovem Zélio Fernandino de Moraes; Umbandomblé ou **Umbanda Traçada**, onde um mesmo sacerdote pode realizar sessões distintas de umbanda ou de candomblé; **Umbanda Branca**, utiliza elementos espíritas, kardecistas e os adeptos usam roupas brancas; **Umbanda de Caboclo**, forte influência da cultura indígena brasileira.

Kimbanda e Quimbanda

Texto do Edmundo Pellizari sobre a diferença entre Kimbanda e Quimbanda

Existe muita confusão entre os dois termos; eu mesmo já vi textos na net e em jornais de umbanda com estes nomes invertidos ou considerados como se fossem uma coisa só (se não me engano, tem texto meu com essa inversão também). O problema é que, como essas palavras são transliterações, cada autor acaba colocando como acha melhor e a porta para a confusão está aberta. Se alguém achar os termos trocados em algum dos meus textos, dá um aviso nos comentários; eu prefiro ficar padronizado com o trabalho do Edmundo, que é muito sério a respeito dos cultos afro-brasileiros.

Kimbanda significa algo como "curandeiro" em kimbundu, um idioma bantu falado em Angola. O Kimbanda é uma espécie de xamã africano.

O ofício do Kimbanda é chamado de "umbanda"… Todos já ouvimos essa palavra por aqui.

Quimbanda é um culto afro-brasileiro com forte influência bantu e muito influenciado pela magia negra europeia.

Kimbanda e Quimbanda se confundem, mas são cultos distintos e com objetivos diferentes.

O kimbandeiro é um membro ativo de sua comunidade, um doutor dos pobres e intérprete dos espíritos da Natureza. Ético, ele sempre trabalha para o bem, a paz e a harmonia.

O quimbandeiro é um feiticeiro. Normalmente vive afastado, não se envolve socialmente. Na África, o kimbandeiro faz a ponte entre os Makungu (ancestrais divinizados), os Minkizes (espíritos sagrados da Natureza) e os seres humanos.

Ele entra em transe profundo, incorpora os seres invisíveis que consultam os necessitados e os aconselham na resolução dos problemas. Os espíritos no corpo do Kimbanda falam, fumam e bebem.

Como autêntico xamã, ele sabe que a mata é um ser vivo que respira, come e sente. Ela é densamente habitada por diversos tipos de entidades, que transmitem seu conhecimento aos sacerdotes eleitos.

Alguns destes seres se parecem a "duendes". Eles têm uma perna só, um olho só ou falta algum braço. Moram dentro da mata e podem cruzar o caminho de algum caçador. Um Ponto Cantado para os exus na Umbanda, diz:

"Eu fui no mato,
oh ganga!
Cortar cipó,
oh ganga!
Eu vi um bicho,
oh ganga!
De um olho só,
oh ganga!"

Ganga vem de Nganga, um dos nomes pelo qual o Kimbanda é conhecido. Nosso querido Saci Pererê é um deles.

Ele usa o filá (gorro) vermelho dos kimbandas, o cachimbo dos pretos velhos e o tabaco dos caboclos!

O quimbandeiro centra seu trabalho na figura de Exu, que é um Orixá yoruba e não um Nkizi bantu.

A entidade que se assemelha a Exu entre os bantu é chamada de Aluvaiá, Nkuvu-Unana, Jini, Chiruwi, Mangabagabana e Kitunusi, dependendo do dialeto e da região.

Aluvaiá pode ser "homem" ou "mulher" e sua energia permeia tudo e todas as coisas. Ele se adapta muito bem à noção umbandista de exu (entidade masculina) e pomba-gira (entidade feminina).

O quimbandeiro, também invoca e incorpora as entidades associadas ao culto do magnífico Orixá Exu, os exus e pombas-gira. Pode haver sincretismo com nomes como Lúcifer, Asmodeus, Behemoth, Belzebu e Astaroth da Cultura Europeia.

A visão das entidades também pode mudar... O kimbandeiro invoca as almas dos antigos Tatas (pais espirituais ou sacerdotes curandeiros) e Yayas (mães espirituais ou sacerdotisas curandeiras).

Estas almas transcenderam o limite da materialidade e da ignorância. Elas possuem bondade, conhecimento e luminosidade. Algumas não precisam mais encarnar, pois, já evoluíram o suficiente neste mundo.

O quimbandeiro invoca almas de entidades que em vida foram feiticeiros, malandros, mercadores, homens ou mulheres comuns, etc.

Na África o sangue é um elemento sacrificial. O kimbandeiro oferece um animal a uma entidade, prepara a carne e entrega a primeira porção ao espírito. O resto do animal, que se tornou agora alimento, é compartilhado com a comunidade, se isto acontecer em data festiva.

O quimbandeiro, não está interessado em "sacrificar" (tornar sagrado), ele está preocupado com os poderes mágicos do sangue, vísceras e couro do animal. Portanto, teologicamente falando, ele não sacrifica.

As imagens utilizadas no culto do kimbandeiro são feitas de pedra, madeira e barro. Os artesãos procuram modelar as entidades da Natureza de forma natural e simples. A imagem é consagrada cerimonialmente, e uma porção do espírito da entidade passa a habitar a efígie.

Na Quimbanda, na maioria das vezes, são utilizadas imagens de gesso que representam os espíritos aliados. Comumente estas imagens tem aspecto avermelhado, podendo ter chifres ou não.

O kimbandeiro é um agente social. Ele depende da comunidade e a comunidade depende dele. Quando aceita um pagamento para seu trabalho, ele retira do mesmo a sua sustentabilidade. Todo mundo sabe e pactua com isso. Não existe abuso. Trocas de mercadorias e favores, podem substituir o dinheiro como pagamento. As pessoas empobrecidas são atendidas sem nada precisar dar em troca.

As vestes do xamã bantu são normais e naturais. Quando está trabalhando usa filá, guias de sementes, cinturão com amuletos e roupas sóbrias. Três são os pilares do kimbandeiro: amor, honra e caridade.

O universo da Kimbanda é composto por três mundos que se interpenetram:

- o mundo celeste, onde moram os espíritos celestiais e originais (alguns Minkizis e ancestrais divinizados);
- o mundo natural, habitado pelos homens e pelos espíritos da natureza (elementais);
- e o mundo subterrâneo da morte e dos ancestrais.

O médium na Kimbanda, é um canal entre os espíritos e os que precisam dos espíritos. Ele é um instrumento mágico, um servidor da humanidade, que pratica um transe profundo, pois, somente adormecendo o ego, o divino pode fluir.

Os espíritos utilizam o médium com gentileza e cuidado, sem esgotar suas reservas de energia psíquica.

A Umbanda, certamente, bebeu das águas tradicionais da Kimbanda.

Os negros bantus trouxeram sua herança espiritual, legítima, luminosa, ecológica e antiquíssima. Oramos para que as antigas almas dos Tatas e Yayas, nos ajudem a separar o trigo do joio.

Nzambi primeiro!

Nsala Malekun!

Da influência moral do Médium

Se o médium, do ponto de vista da execução, não passa de um instrumento, exerce, todavia, influência muito grande sob o aspecto moral. Pois, para se comunicar, o espírito desencarnado se identifica com o espírito do médium, e esta identificação não se pode verificar, se não havendo entre um e outro simpatia, e se assim é lícito dizer, afinidade.

A alma exerce sobre o espírito livre, uma espécie de atração ou repulsão, conforme o grau da semelhança existente entre eles. Ora, os bons têm afinidade com os bons e os maus com os maus, de onde se segue que, as qualidades morais do médium exercem influência capital sobre a natureza dos espíritos que por ele se comunicam.

Se o médium é vicioso, em torno dele se vêm grupar os espíritos inferiores, sempre prontos a tomar o lugar aos bons espíritos evocados. As qualidades que atraem os bons espíritos são: a bondade, a benevolência, a simplicidade de coração, o amor ao próximo e o desprendimento das coisas materiais.

Os defeitos que os afastam são: o orgulho, o egoísmo, a inveja, o ciúme, o ódio, a cupidez, a sensualidade e todas as paixões que escravizam o homem à matéria.

- Estamos mergulhados no fluido cósmico universal, como peixes no oceano.
- O fluido é neutro.
- Agimos sobre o fluido com o pensamento e a vontade.
- O cultivo de bons pensamentos e sentimentos transformam os fluidos ambientes em bons fluidos.
- Tudo que pedirdes com fé, em oração vós recebereis.
- Devemos entender as respostas do alto às nossas súplicas.

Allan Kardec

Qualidades indispensáveis aos Médiuns

Ser médium não é apenas servir-se de intermediário nas comunicações entre o mundo invisível (o mundo dos espíritos desencarnados), e o mundo visível (o mundo em que vivemos), isto é, a terra.

Ser médium, e de um modo especial, médium de umbanda, implica, na verdade, numa série de exigências, numa série de requisitos a ser constatada na criatura. Em outras palavras, além de faculdade inata na criatura humana de ser médium, é necessário (justamente no sentido de que essa criatura possa ser de fato um médium), que ela possua qualidades ou virtudes especiais que, se cultivadas como devem ser, fazem com que seu portador seja um bom médium.

O médium de umbanda, deve cultivar e apresentar às escâncaras, sem mascaramento ou fingimento, tais qualidades ou virtudes. Deve possuir conhecimentos, dos mais profundos, da própria Umbanda e das obrigações exigidas.

O simples fato de fazer seu "batismo", seu "amací", seu "cruzamento", sua iniciação enfim, num terreiro de umbanda, não quer dizer que fulano seja, de fato, um médium.

Um médium de umbanda deve ser honesto e praticar sua mediunidade. E não apenas porque se não o fizer ficará doente, ou desencarnará, como é comum entre milhares e milhares de criaturas que frequentam os terreiros de Umbanda, ou que praticam a umbanda, mas, ao contrário, porque reconhecendo suas culpas passadas (de outras reencarnações), sabe que, praticando ou atuando como médium, estará amortizando sua dívida com o criador, com Zambi e Oxalá.

Um médium de Umbanda deve ser sincero com aqueles que mantêm relações de amizade, com os quais tenha de viver em comum e com os seus chefes. Isto quer dizer, que um médium pertencente a qualquer terreiro não deve, nem pode falar mal de seus chefes, seja lá com quem for. Se não se sentir satisfeito, procure um outro terreiro ou um outro centro. É melhor proceder dessa forma do que continuar no terreiro com a sua maledicência e acabar criando um ambiente de animosidade, um ambiente de intrigas, perturbando assim a boa ordem e a harmonia.

Um médium deve ser dedicado. Isto quer dizer, que deve ter assiduidade, pontualidade e senso de responsabilidade.

Um médium de Umbanda não deve ser vaidoso. O médium não pode nem deve ter essa espécie de vaidade, não deve se jactar do que faz, nem do que fazem seus guias e protetores ou os espíritos que por meio dele trabalham. Ao contrário, o médium deve ser humilde e modesto. Deve julgar que tudo o que acontece, como consequência de seu trabalho como médium, nada mais é do que uma das maiores e mais pujantes manifestações da misericórdia de nosso pai Zambi e do nosso pai Oxalá.

Um médium de Umbanda não deve nem pode ter inveja. Cada um tem o que merece.

Um médium de Umbanda não deve nem pode ter despeito. Não deve nem pode ter ira. Não deve nem pode ter ciúme. Não deve nem pode falar mal seja de quem for. Não deve nem pode querer ser mais do que realmente é ou pode ser.

Um médium de umbanda também não deve (especialmente as mulheres), usar suas joias e adornos caros quando se encontrarem nos terreiros e de um modo especial, quando estiverem realizando seus trabalhos mediúnicos.

Um médium de Umbanda não deve nem pode ir a um terreiro, e muito menos trabalhar ou pertencer a um, com a ideia de lá conquistar mulheres.

Antônio Alves Teixeira Neto
O Livro dos Médiuns de Umbanda

Palavras do Autor

    Rituais, é o nome que nós Umbandistas damos a vários tipos de magias que usamos em nós mesmos e no mundo inteiro, com o intuito de ajudar, mudar e melhorar cada vez mais a nossa estadia nesse planeta. Para isso, usamos na maioria das vezes, de meios e rituais espirituais que ainda não podem ser explicados pela ciência, e na maioria das vezes não aceito pela sociedade. Entre eles estão os rituais do fogo, da água, da terra, do ar, das plantas, das oferendas, das cores, dos sons, dos perfumes, cristais etc., que são os principais rituais praticados dentro da Religião de Umbanda e sua Linha de Esquerda. Para muitas pessoas leigas no assunto, esses rituais ainda são mágicos porque o modo como eles realmente funcionam é incompreensível para a maioria dos usuários. Eles têm a força de fazer com que as mudanças aconteçam, de acordo com a nossa vontade e merecimento, é a força consciente e inconsciente da imaginação e da total concentração na causa ou objetivo desejado.

    Se observarmos e analisarmos os rituais de inúmeras religiões existentes nesse planeta, encontraremos neles um sentido comum, o de invocar forças espirituais, forças da natureza, entidades, guias, mentores, protetores e etc. O objetivo é o mesmo, preparação, atração dessas forças à concepção da corrente religiosa que a pratica. Muitos dos rituais e magias praticados por leigos ou médiuns, são universais, até mesmo porque, não existe uma única cultura ou sociedade nesse planeta que não pratique algum tipo de ritual ou magia.

    Todos eles têm seus gurus, xamãs, bruxas, adivinhos, feiticeiros, curandeiros, benzedeiros, padres, pastores, caciques, babalorixás, mestres e etc., e todos eles possuem seus vários instrumentos mágicos como, altares, bastão, varinha mágica, cajado, bola de cristal, espada, facas, búzios, guias, pêndulos, cartas ciganas, tarô e etc. Em certas mãos, esses instrumentos não passam de acessórios comuns, sem valor algum, mais se forem devidamente fabricados, preparados e consagrados, esses instrumentos se tornam grandes reservatórios de energias que podem ser adaptadas, usadas e manipuladas pelos seus portadores, com algum tipo de ritual.

Grandes partes desses rituais, praticados dentro da religião de umbanda e sua linha de esquerda, estão relacionados a algum tipo de manipulação de energias positivas ou negativas, magias ou feitiços, que tanto podem ser para o bem como para o mal. Esses rituais de feitiços, magias, encantamentos e etc., nada mais são do que um ato organizado, projetado, lançado e realizado para alterar as probabilidades na direção desejada; ou seja, simplesmente tentar fazer, que algo seja mais ou menos provável de acontecer.

A maioria desses rituais, são maneiras ou modos usados para atrair, repulsar, dispersar, concentrar, condensar, manipular e reconhecer nossas energias positivas e negativas.

É certíssimo, que em qualquer ritual, do mais bárbaro ao mais espiritualizado, encontraremos sempre, impulsionando sua tendência, os atos e as práticas que devem predispor o indivíduo a harmonizar-se com o objetivo invocado ou desejado, isto é, procurar pô-lo em relação mental com os deuses, orixás, entidades, divindades, forças da natureza, guias, protetores e etc.

Até mesmo durante o dia e a noite todos nós realizamos certos tipos de rituais, alguns conscientes e outros inconscientes, mas que influenciam nossas atitudes diárias e principalmente nossas vidas.

Portanto, devemos ter o máximo de cuidado na hora de realizar qualquer tipo de ritual, seja ele de Umbanda ou de outra religião qualquer.

Temos que saber e ter certeza, para que servirá o ritual, ou seja, o que quero influenciar, quem vai participar do mesmo, onde vou realizá-lo, o que vou usar de materiais e ingredientes, quando vou realizá-lo, que tempo vou precisar para realizá-lo, que tipo de firmeza devo fazer antes de realizá-lo, que roupa vou vestir para realizá-lo, etc., tudo isso para que o ritual que você vai realizar seja de sucesso e não lhe cause problema algum depois da sua realização.

Esses tipos de rituais sempre foram conhecidos, desde as mais remotas épocas e antiguidades, e eram como são atualmente, praticados, invocados e realizados, obedecendo a certas regras, conhecimentos, controles, cuidados, fundamentos, sistemas, maneiras de realizá-los e etc.

Deu-se, por imposição natural das leis, que não se revelam nunca de uma só vez, a parte que se tornou mais conhecida, lida e propagada, é a que ficou marcada pelo nome de espiritismo, que reviveu como imperativo dos tempos que se aproximavam e veio preparar e abrir em sua época um campo espiritual à humanidade, semeando as primeiras manifestações de uma lei, através destes mesmos e variados rituais, inerentes a um dom universal que, repetimos, era conhecido e usado desde as épocas mais primitivas. Mas, poucos sabem que esses rituais foram, são e sempre serão, regidos por uma lei que sempre se chamou, que a chamamos e sempre chamaremos Umbanda.

Portanto, dentro da religião de Umbanda, ter conhecimento dessas leis, forças, rituais e etc., significa poder.

Mas, também devemos saber que na prática da religião de Umbanda, invocar uma entidade, mentor, caboclo, guia, mensageiro ou protetor do astral para fazer um pedido de ajuda, é bem diferente de magia negra, onde se conjura um espírito qualquer para trabalhar para você com fins malignos e lucrativos.

E se você acha que vai pagar esse tipo de trabalho prestado com migalhas, você é muito inocente, ingênuo ou sem noção alguma de conhecimentos religiosos, astrais ou espirituais, por isso, tome muito cuidado, pois poderá se endividar por milhões de anos, caso use desses meios e artifícios.

Esses tipos de trabalhos, conjuros ou rituais não da para provar, testar, experimentar, ou você faz direito e com conhecimentos no assunto ou não faz, porque é muito perigoso e pode ter um resultado fatal. Por isso, conhecimentos desse tipo jamais devemos passar sem saber realmente para quem, e se a pessoa é bastante segura de si para ter e carregar consigo no dia a dia esse tipo de conhecimento.

Conjurar espíritos para transferir energias malignas para um ser humano qualquer, e pagar com quinquilharias, ou pequenas oferendas ou rituais, é muito errado e perigoso, você pode ficar devedor milhões de anos à frente para esse espírito, muitas vezes se passando ou dizendo-se "Exu" ou "Pomba-Gira". Por esse motivo, você deve estudar bem o assunto para saber com o que, e com quem você está lidando, porque você, não pode simplesmente fazer e depois desfazer sem que nada aconteça. A cobrança é certa e você jamais vai conseguir iludir, driblar, enganar ou controlar um espírito que está do outro lado, que vê e sabe de tudo a seu respeito. Você não conseguirá controlá-lo e a consequência é certa, porque dependendo de onde ele se encontra pode até se fazer de tonto, mas não é, e ele é mais esperto do que você e conhece todos os seus pontos fracos e o manipula para fazer cada vez mais esse tipo de trabalho, oferenda, ritual ou conjuração e quanto mais você faz negócios com ele, mais endividado você fica. Caindo que nem um patinho, bobo.

Dei essa pincelada nesse assunto, para vocês saberem a diferença entre Umbanda e linha de esquerda, e o que muitos chamam de magia negra.

Sei, que muitos dos rituais aqui expostos e citados nessa Obra, entraram em choque com ideias mais ou menos afins, entre outros praticantes e pesquisadores da religião de Umbanda e sua Linha de Esquerda. Mas, gostaria de deixar claro, que respeito essas ideias contrarias, e que também julgo ter o direito de expor meus pensamentos e ideias, os quais se baseiam nos meus Orixás, guias e protetores e também em muitos anos de experiência como Cacique de terreiro na religião de Umbanda e Babalorixá na Nação Africana.

Como é de meu costume, e não me importando com o que os outros falam em relação as minhas obras, tentarei explicar nessa obra e como fiz em outras, o máximo possível, nem que para isso tenha que ser bastante repetitivo nas palavras, pois acredito que um ritual, trabalho, oferenda, magia etc., de Umbanda e Linha de Esquerda, bem feito e com cuidados nos mínimos detalhes, com certeza terá mais chances de dar certo e atingir o objetivo desejado. Além também, de estar pensando não só nas pessoas com um pouco mais de cultura, mas também nas menos favorecidas em termos culturais.

São rituais bem simples e fáceis de fazer, e que só vem a somar àqueles médiuns ou terreiros iniciantes, que querem e fazem uma Umbanda com amor e respeito, principalmente os seus rituais antigos e sem invencionices.

A você amigo leitor que adquiriu essa Obra, gostaria de explicar-lhe que Rituais de Umbanda é uma junção de vários e antigos rituais de Umbanda, inclusive, alguns já existentes no livro "A Magia de São Cosme e São Damião", também de minha autoria.

O motivo que me levou a fazer isso, foi que muitos leitores me pediam vários rituais, como cruzamentos, reforços, batizados, etc., que já se encontravam na Obra "A Magia de São Cosme e São Damião", que talvez pelo nome do título, muitos acabavam não adquirindo achando que só encontrariam coisas sobre Cosme e Damião.

Resumindo, é uma obra nova com conteúdo e título novo, para melhor ser assimilado, onde você irá encontrar "A Magia de São Cosme e São Damião" revisado e ampliado. Obra que não será mais impressa individualmente, pelos motivos já citados acima.

Um abraço fraterno a você, meu leitor, com muito carinho.

Introdução

Como já tenho falado em Obras anteriores, a nossa querida Umbanda e sua Linha de Esquerda, hoje está muito esquecida de seus Fundamentos e Rituais de nascença. Na maioria dos terreiros que hoje se pisa, só se vê coisas muito diferentes, do que se praticava no passado. Talvez pela evolução do mundo, da tecnologia, das pessoas, etc., muitos fundamentos e Rituais antigos de Umbanda e de esquerda, estão desaparecendo e se perdendo no tempo.

Entre esses fundamentos e Rituais, estão os rituais de mata, praia, cachoeira, encruzilhadas, calunga, pontos de força, ponto de fogo, pontos riscados, pontos cantados, fechamento de corpo, aberturas de chacras, imantações, sacudimento, banhos, defumações, fluidificação da água, passes, rezas, benzeduras, firmezas de Esquerda, porteiras e tranqueiras, saídas de ebós, saídas de ecós, cantar para as almas, despachos, oferendas, desenvolvimentos de médiuns, iniciações, obrigações, estudos, palestras, ensinamentos e uma infinidade de rituais antigos, que não se vê mais dentro dos terreiros de Umbanda e sua Linha de Esquerda.

Sem pretensão alguma, além de querer ajudar meus irmãos Umbandistas, principalmente os iniciantes, resolvi escrever essa Obra com vários e antigos Rituais de Umbanda e sua linha de Esquerda, que hoje pouco se pratica dentro dos terreiros de Umbanda.

Propus-me a fazer essa obra, depois de andar muito pelos nossos terreiros de Umbanda e ficar abismado com tantos "médiuns" e pessoas iniciantes se arriscando a fazer tantas coisas, trabalhos e rituais sem possuírem o mínimo de conhecimento, ou pelo menos, o conhecimento necessário para tal fim, sem estarem devidamente preparados para lidarem com as forças que executam esses trabalhos e rituais, e sem eles saberem, pensarem ou imaginarem a bomba dinamite acesa que tem nas mãos.

Sem invencionice alguma, resolvemos expor nessa obra, todo o processo, do inicio ao fim, para realizar, fazer e concluir certos rituais de Umbanda e sua Linha de esquerda com bastante firmeza, segurança e realidade desses rituais, para que tenham êxito. Sei que não sou e nem quero ser o dono da verdade, e espero realmente que todos que adquirirem essa Obra, gostem desses conhecimentos que adquiri ao longo do tempo como médium de Umbanda, e que com prazer e humildade divido com vocês, meus queridos irmãos Umbandistas.

Sei também que, infelizmente alguns dos nossos caciques de terreiros, criticam outros caciques e até mesmo padres, pastores, espíritas, etc., chamando-os de exploradores, no entanto, eles fazem o mesmo com seus médiuns, proibindo-os de lerem qualquer tipo de livro, dizendo que no terreiro aprenderão tudo que é necessário e suficiente, para ser um bom médium. Chegam até afirmar, que essas escritas são feitas pelo homem, sem vínculo algum com a espiritualidade, que não tem valor algum para a sua mediunidade, e que esse tipo de leitura perturba e faz mal a seu desenvolvimento ou a sua mediunidade. Mas, o fim é outro; pois receiam, que seus médiuns abram os olhos e lhes façam perguntas que não saberão responder. Por isso, lhes convém mantê-los sempre na ignorância para melhor iludi-los e controlá-los.

Durante alguns trabalhos de Umbanda e linha de esquerda, alguns desses chefes de terreiros incorporados com seu guia e assistidos pelos seus médiuns, fazem belos e maravilhosos rituais, trabalhos, fundamentos e magias e dizem aos seus médiuns que não se lembram de nada, que isso tudo é coisa somente do guia ou entidade, e que o guia é quem sabe tudo, que nunca leram livros de espécie alguma, mas, é só fazermos uma visita a suas residências e encontraremos verdadeiras bibliotecas de livros espíritas, espiritualistas, ocultismo, esoterismo, umbanda, magias, rituais e etc.

Para mim, isso também afirma uma exploração por parte deles, que querem ter instrução, mas não querem que os outros tenham.

Encerro aqui essa introdução dizendo e afirmando aos meus queridos irmãos Umbandistas, que tudo que sei e aprendi sobre a religião de Umbanda, devo em primeiro lugar as minhas entidades, muitos estudos, procuras, pesquisas e principalmente a muitas leituras de livros de Umbanda e outros similares.

Nesses anos todos de caminhadas na Umbanda, aprendi também que não pode haver evolução espiritual, sem haver também evolução material, e tudo que estudarmos, lermos, buscarmos, aprendermos, sobre a espiritualidade, as nossas entidades, guias e protetores, também fazem um bom uso disso tudo, principalmente, na hora em que precisar para ajudar um irmão necessitado, afinal, como todos sabem e isso não podem negar, que nós estamos sempre juntos com entidades, guias e protetores em evolução, tanto material como espiritual.

E todo o conhecimento que adquirimos, com certeza ficará arquivado na nossa mente para que elas também possam usufruir, principalmente durante a incorporação no seu médium.

Portanto, essas pessoas que lhes aconselham a não lerem livros ou buscarem conhecimento de alguma forma, é porque tem receio, que vós saibais mais do que elas.

Para encerrar, faço o meu último apelo a todos os bons chefes de terreiros, médiuns e umbandistas: vamos nos unir cada vez mais, mostrar, ensinar e repassar aos que estão chegando, todos os nossos aprendizados de anos dentro de um terreiro, e que vocês sabem não ser segredo algum, que não possamos passar aos nossos seguidores e mantermos vivo esse culto tão lindo da natureza chamado Umbanda.

Boa leitura!

Ritual de Desobsessão

Esse, é um dos rituais mais difíceis de fazer dentro de um terreiro de Umbanda. Vamos ver então, o que leva uma pessoa a procurar esse tipo de ritual dentro de um terreiro, e como fazê-lo.

Na maioria das vezes, já é o último recurso, a última esperança da pessoa, que já fez de tudo para alcançar a cura, mais não teve sucesso em nenhuma das suas tentativas.

Doenças físicas e muitas vezes até mentais, que os médicos não encontraram razão, base e tratamento ideal para a cura.

Queda na vida financeira, mesmo a pessoa trabalhando mais do que o normal, vícios adquiridos repentinamente e contra a vontade, doenças psíquicas ou mentais em que muitos tratamentos médicos não alcançam melhora alguma. Aparentemente a pessoa é sã, mas age como se não fosse. Então, essa pessoa é levada a um terreiro de Umbanda para uma consulta com uma entidade, após a consulta sai o parecer da entidade: Obsessão. A obsessão pode se originar de três formas diferentes:

- Mediunidade não desenvolvida, cuja porta aberta é um canal para espíritos sofredores em busca de luz e tranquilidade.
- Aproximação de espíritos atrasados, de vibração equivalente, por motivos de afeição ou vingança, sem haver necessidade de a pessoa ser médium.
- Espíritos atrasados ou negativos, enviados especialmente para perturbar a pessoa moral, física, financeiramente, etc.

Quando a entidade diz que o caso é de obsessão, o cambono ou a pessoa que está ajudando na consulta, marca o dia para o trabalho de desobsessão.

Nesse tipo de ritual, é recomendado que participem apenas os médiuns mais firmes da corrente. Depois de abrir os trabalhos, solicita-se a presença do guia chefe do terreiro ou da pessoa que for encarregada do trabalho de desobsessão.

Esse tipo de ritual, deve ser feito no máximo dois por dia, e para que o ritual seja de total êxito é bom também que a pessoa que vai ser atendida, exponha antecipadamente seus problemas aos médiuns que irão lhe atender.

O caso precisa ser analisado pelos médiuns que se encontram no local, antes de começar os trabalhos, para que eles cheguem a um acordo de como conduzir melhor o ritual.

Coloca-se uma cadeira, de modo que a pessoa que vai ser atendida fique sentada e de frente para o congá. Atrás da pessoa que está sentada, ficará o médium que vai comandar a desobsessão. Na frente da pessoa que está sentada, e com as costas para o conga, ficará o médium que também pode servir de intermediário para o obsessor.

Os outros médiuns ficarão na volta para atender o espírito que se manifestará na pessoa que está sentada ou no médium que está a sua frente de costa para o congá.

Em caso de algumas reações bruscas do espírito obsessor, deve estar combinado entre os mesmos, quem atende quem, para evitar qualquer tipo de confusão na hora do ritual.

Quando o espírito obsessor se manifestar, o médium que está servindo de cambono, deve procurar através de uma conversa amigável, tentar converter, ou seja, em outras palavras trazer à realidade, aquele espírito que permanece junto a pessoa, na maioria das vezes sem saber que já fez a sua passagem para o mundo espiritual, ou se já o sabe, alertá-lo para sua condição de ser espiritual, e que aquela matéria não lhe pertence e que o mesmo deve se afastar urgentemente dela, não voltando mais a obsediá-la, sob pena de ser levado pelas entidades a força, para lugares onde possa ficar preso até encontrar a cura para si próprio.

Muitas vezes, existem pessoas que estão sendo acompanhadas por mais de um obsessor, quando isso acontece há necessidade de mais de um ritual de desobsessão.

Às vezes, acontece também, de o obsessor não ser aquele espírito desnorteado, confuso e perdido que encontramos por aí obsedando uma pessoa, e sim um espírito já com certa malícia e conhecimento, que age de forma contrária aquela que esperamos, ficando muitas vezes, do lado de fora do terreiro, quando a pessoa se dirige para dentro.

Quando isso acontece, necessita-se de um trabalho especial para trazer o espírito junto da pessoa até o terreiro, ou querendo, o médium encarregado do ritual poderá organizar tudo sem muitos comentários e com bastante firmeza, tentar enganar o espírito atendendo a pessoa na sua própria residência, pelo menos a primeira vez, se houver necessidades de outros atendimentos. O papel da pessoa que comanda a desobsessão, aquela que fica atrás da pessoa obsidiada, é usar toda a sua energia, força do seu pensamento e de sua fé, para conseguir que o obsessor, seja ele quem for, fale através de um dos médiuns presentes ou até mesmo através da pessoa que ele está obsidiando. Quando esse último acontece, temos que ter muito cuidado e controle da situação, porque a pessoa não ira entender o que está acontecendo, não é médium e não tem conhecimento suficiente para que isso ocorra com tranquilidade, ou seja, sendo ela médium ou não, não está preparada para isso.

Ás vezes, apesar do máximo esforço do médium que comanda a desobsessão, de sua total e profunda concentração juntamente com seus colegas, não se dá a incorporação, quando isso acontecer, troca-se o médium que está comandando por um colega seu, que está fazendo parte do ritual e parte para uma nova tentativa.

Não tendo êxito nessa segunda tentativa, é melhor pedir ajuda a uma entidade de luz para que auxilie numa terceira tentativa.

Com a ajuda da entidade de luz, sabe-se se o espírito obsessor está presente ou não, desde o começo dos trabalhos. Caso isso não esteja acontecendo, de o espírito não estar presente no momento, há duas opções: ou é um espírito cheio de malícia, esperteza e safadeza, que se mantém afastado nos momentos em que há possibilidade da pessoa libertar-se dele, ou então a força da corrente espiritual ali presente conseguiu por meio das entidades espirituais, doutrinarem o obsessor sem a interferência do médium ou de incorporação.

Nesse caso, só se fica sabendo do resultado com o passar do tempo.

Muitas vezes, os obsessores exigem uma atenção muito grande dos médiuns presentes no ritual; às vezes gritam, blasfemam, se jogam no chão, dão gargalhadas, se contorcem ou permanecem mudos por completo. Mesmo assim, deve-se tentar conseguir do espírito obsessor o seu nome, onde e qual foi o motivo da sua morte e porque está obsidiando essa pessoa.

Mesmo sendo impossíveis informações completas, devido ao grau de inferioridade que se encontra o espírito, o médium deve procurar conversar tentando dissuadi-lo de continuar agindo dessa maneira.

Espíritos suicidas, atrasados em sua evolução espiritual, agem com frequência em pessoas com tendência a praticar esses atos ou outros parecidos.

A falta de coragem que às vezes as pessoas sentem, é suprida e acrescida, com a aproximação de espíritos obsessores.

Mesmo depois do ritual de desobsessão, a pessoa deve manter-se na espiritualidade. Não adianta passar por esse ritual e continuar com os mesmos vícios.

Obs.: Depois desse ritual, é aconselhável a pessoa tomar um banho de ervas amargas e dois de ervas doces. Caso não consiga as ervas, substitua o banho amargo por banho de sal grosso e os banhos doces por água, mel e perfume.

Ritual de Sacudimento

Muitas vezes, as pessoas são conduzidas a um terreiro de Umbanda depois de já terem esgotados todos os tipos de tratamento da medicina. Algumas vezes é o próprio médico que orienta a pessoa a procurar outros recursos, num centro espírita ou terreiro de Umbanda, pois os da medicina já foram todos esgotados.

Quando isso acontece, essas pessoas chegam ao terreiro de Umbanda, muito perturbadas, destruídas, sofrendo o assédio de um ou vários espíritos obsessores.

Nesse caso, pode ser feito um ritual de sacudimento na Umbanda para retirar a doença espiritual ou perturbações, que venha sofrendo a pessoa, por conta de espíritos obsessores ou até mesmo por feitiços com fins malignos, enviados a essa pessoa.

Material necessário

- Milho pipoca estourado no óleo de dendê;
- Sete punhados de milho de galinha escolhido e torrado bem escuro;
- Um alguidar médio;
- Um tecido branco 1,5 m x 1,5 m;
- Um tecido preto 1,5 m x 1,5 m;
- Uma pemba branca;
- Sete velas brancas.

Modo de fazer

No dia marcado para o ritual, a pessoa que irá usufruir do mesmo deve vestir roupa branca ou clara, evitar comer carne, ingerir álcool e praticar sexo 24 horas antes do ritual.

Com a presença do guia chefe do terreiro ou responsável pelo ritual, inicia-se o sacudimento.

Risca-se na frente do congá com a pemba, uma estrela de seis pontas (símbolo da Umbanda), com o cruzeiro (uma cruz), no centro da mesma.

Coloca-se o tecido preto sobre o ponto riscado (estrela), e a pessoa em cima do tecido em pé e sem calçados.

Seguindo em frente coloca-se sobre a cabeça da pessoa o tecido branco, e aos seus pés, em cima do tecido preto, o alguidar vazio.

Com alguns pontos cantados de descarrego da linha de esquerda, com bastante firmeza de todos os médiuns presentes, e com orientação do guia chefe do terreiro, inicia-se o ritual derramando as pipocas misturadas com o milho torrado (que deve estar em uma vasilha tipo bacia), com as mãos, bem devagar, por todo o corpo da pessoa, pedindo tudo de bom para essa pessoa, principalmente em relação a saúde dela e repetindo os pedidos até acabar de derramar as pipocas e o milho com a mão, sobre o corpo da pessoa (cuidado para não espalhar muito o milho e as pipocas longe dos pés da pessoa, e a cada passada abra a mão para que o milho e a pipoca caiam em direção ao tecido preto que está nos pés da pessoa).

Passe também as velas apagadas no corpo da pessoa, todas juntas, sempre pedindo tudo de bom para ela, inclusive para o povo da rua, Exus e Pombas-Gira, que levem os males que acompanham essa pessoa.

Terminada essa parte, pede-se que a pessoa saia de cima do tecido preto pelo lado direito e retira-se da cabeça dela o tecido branco.

Estende-se o tecido branco no chão e coloca-se o alguidar que estava aos pés da pessoa, em cima no centro do tecido branco, levanta-se o tecido preto do ponto riscado e vira-se toda as pipocas e milho que caíram em cima do tecido preto, dentro do alguidar, junta-se o que caiu fora do tecido com um pedaço de tecido branco usando como vassoura e coloque no alguidar, inclusive o pedaço de tecido branco.

Coloque o tecido preto no mesmo lugar, em cima do ponto riscado.

Amarre o tecido branco no alguidar como se fosse uma trouxa e coloque essa trouxa em cima do tecido preto no centro.

Amarre agora o tecido preto, também em forma de trouxa, no alguidar que já deve estar amarrado com o tecido branco. O preto por último para isolar tudo.

Deixe essa trouxa no centro do ponto riscado (estrela), e o guia chefe ou responsável pelo ritual, acende as velas ao redor do ponto riscado pedindo novamente tudo de bom para a pessoa.

Quando as velas terminarem de queimar o ritual estará encerrado. Apague o ponto riscado, com um pedaço pequeno de pano branco úmido.

As sobras das velas se houver, no caso sebo, serão despachadas junto com a trouxa, num local determinado pelo guia chefe ou responsável pelo ritual. Ex.: mata, cachoeira, encruzilhada, rio, corredeira, mar e etc.

Na hora de despachar a trouxa, não se esqueça de pedir licença as entidades pertencentes ao local para despachar o trabalho, e que elas mesmas tomem conta das cargas e doença que acompanhavam a pessoa.

Mesmo depois do ritual de sacudimento a pessoa deve manter-se na espiritualidade. Não adianta passar por esse ritual e continuar com os mesmos vícios.

Se preferir o ponto riscado (estrela de seis pontas), pode ser substituído pelo triangulo, deixando uma das pontas para baixo. O triangulo com umas das pontas para baixo representa a força de Exu e Pomba-Gira.

Obs.: Depois desse ritual, é aconselhável a pessoa tomar um banho de ervas amargas e dois de ervas doces. Caso não consiga as ervas, substitua o banho amargo por banho de sal grosso, e os banhos doces por água, mel e perfume.

Ritual para Dia de Finados na Umbanda

No dia que antecede o dia de finados ou até mesmo no dia, os filhos de Umbanda podem fazer uma oferenda às Almas benditas, para pedir proteção e reforços aos seus rituais e trabalhos realizados com essa linha.

Material necessário

- Nove velas brancas comuns;
- Uma caixa de fósforos;
- Nove rosas brancas;
- Nove fatias de pão pequenas;
- Um copo com água;
- Um alguidar médio com mingau de maizena (amido de milho) e mel;
- Uma vela branca para a entrada do cemitério.

Modo de fazer

Vá ao cemitério e, como de costume, na entrada salve os donos do local deixando uma vela acesa e pedindo licença e proteção para arriar a oferenda.

Escolha um local, de preferência do lado esquerdo de quem entra, afastado e com pouco movimento e arrie a oferenda dessa forma:

Coloque o alguidar com o mingau no chão, em cima do mesmo, circulando o alguidar, coloque as nove fatias de pão de pé, cravando no mingau, ao lado do alguidar coloque o copo com água (a água pode ser pega no próprio local), em volta do alguidar e do copo com água circulando-os, coloque as nove rosas brancas e por último circule tudo com as nove velas acesas, deixando a caixa de fósforos semiaberta com a cabeça dos palitos para fora ao lado do alguidar.

Faça seus pedidos de proteção a todas as Almas e saia sem olhar para traz.

Se despesa novamente na saída do portão do cemitério, agradecendo as entidades do local à licença concedida, e quando chegar em casa tome um banho de descarga de ervas, ou sal grosso ou os dois juntos, se preferir.

Se optar pelo banho de sal grosso sozinho, no outro dia você deve tomar um banho doce de ervas ou de água, mel e perfume, porque o banho de sal grosso, por conter iodo enfraquece o espírito e desequilibra a imantação de defesa normal do corpo. O banho doce serve para reequilibrá-lo novamente.

Obs.: A maizena pode ser substituída por farinha de mandioca sem problema algum e você pode fazer esse ritual não só no dia das almas, mais também a hora que desejar ou achar necessário.

Ritual do Fogo na Umbanda

O ritual do fogo, é um dos rituais mais simples de se fazer dentro da Umbanda, mais muito poderoso, é a chama purificadora. Os minérios vão ao fogo, para deles se extraírem os metais, entre eles está o mais valioso, o ouro. Sem o fogo não há ouro purificado. O fogo queima e purifica.

O ritual do fogo, em épocas atrás, já foi muito usado nos terreiros de Umbanda para a purificação, aperfeiçoamento e progresso de seus médiuns.

A violência da alma, da matéria, as brigas, dificuldades, enfermidades, ingratidões, injustiça, a inveja, o ciúme, as perseguições, as rivalidades e etc., tudo isso são considerados como prova de resistência da matéria e do espírito encarnado, ou seja, são como provas de fogo que temos que vencer nesse planeta terra. Assim foi, e sempre será, e esses pecados dos seres humanos só poderão ser purificados, através do fogo da dor. A água lava, mais o fogo purifica. E o fogo da dor é o purificador que traz consigo a força regeneradora. Só através do fogo purificador é que o homem se aperfeiçoa, se espiritualiza e se emancipa do ódio, da cobiça, da inveja, do egoísmo e etc.

Esse ritual serve tanto para a purificação dos médiuns de um terreiro de Umbanda, como de uma determinada família, e pode ser feito no terreiro de Umbanda ou num local adequado e espaçoso de uma casa residencial, onde viva essa determinada família.

Deve-se ter muito cuidado na hora de realizá-lo, pois mexer com fogo é sempre perigoso. E os participantes devem ter uma boa concentração na hora do ritual, para que os males possam ser todos queimados pelo fogo purificador.

Não podem em hipótese alguma qualquer um dos participantes do ritual, inclusive quem for realizar o mesmo, vestir preto na hora do ritual.

Material necessário

- Um alguidar pequeno (pode ser de uso);
- Um pouco de álcool (pode ser de uso);
- Uma caixa de fósforos (pode ser de uso);
- Três velas vermelhas comuns;
- Sete colheres de chá de sal grosso;
- Sete pimentas, qualquer, bem forte.

Modo de fazer

No dia escolhido para realizar o ritual, faça o seguinte: coloque dentro do alguidar as sete colheres de sal grosso, as sete pimentas, e um pouco de álcool, até o meio mais ou menos. Coloque o alguidar no piso, no centro do terreiro ou no centro da peça da casa escolhida para tal fim.

Acenda as velas vermelhas em forma de triangulo, ficando o alguidar no centro desse triangulo.

A pessoa que estiver realizando o ritual coloca fogo no álcool, com cuidado, e faz uma chamada com a sineta invocando todas as entidades do fogo, caboclos, pretos velhos, exus, ciganos, guias e protetores da Umbanda.

Nesse momento, os participantes devem dar as mãos em círculo, inclusive a pessoa que está realizando o ritual, ficando o alguidar no meio desse circulo.

Essa mesma pessoa que está realizando o ritual, deve pedir em voz alta a todas essas entidades citadas anteriormente, que durante esse ritual do fogo queime todos os males e perturbações que incomodam as pessoas presentes, purificando as suas matérias e seus espíritos, deve pedir também misericórdia por tudo, por todos, pelo que fizeram ou deixaram de fazer, pelos amigos e pelos inimigos, pelos erros e acertos do dia a dia e etc.

Após, todos continuam por mais um tempo em silencio e de mão dadas, cada um com seus pensamentos e pedidos íntimos, que tenham fundamento, pois esse ritual não parece, mais é muito forte e eficaz, podendo trazer abalos a pessoa que não estiver bem concentrada.

Feito isso, estão todos liberados, não podendo beber bebidas alcoólicas e fazer sexo nesse dia. Deixe queimar o resto do álcool e as velas e está encerrado o ritual.

Os resíduos das velas (sebo), e do alguidar (pimenta e sal), vão para a rua e o alguidar, após, deve ser lavado com sabão neutro e pode ser usado novamente.

Se preferir, quando terminar de queimar o álcool, apague as velas com os dedos sem soprar, quebre-as e despache na rua com os resíduos do alguidar.

Caso queiram ficar de mãos dadas concentrados e fazendo os pedidos até acabar de queimar o álcool, não tem problema, só coloque pouco álcool no alguidar para não demorar muito a queimar e também poderão ficar cantando pontos de Umbanda e da linha de esquerda (quimbanda), pois esse ritual pode ser realizado nos dois lados: Umbanda e linha de esquerda.

Os participantes devem estar de roupas brancas ou claras, sem nada nos bolsos, descalços e sem guia ou segurança no pescoço.

E por último, devem no outro dia tomar um banho de ervas doce, com mel e bastante perfume.

Ritual de Descarga com Fogo na Encruzilhada

Algumas vezes, nós médiuns de Umbanda devemos nos descarregar com pontos de fogo não só no terreiro ou em casa, mas também na encruzilhada, mato, cemitério e etc. Pois além de estarmos em lugar livre para a explosão, que não acontece só aqui na terra mais também no astral, estamos também no ponto de força de algumas das entidades de Umbanda.

Nesse ritual, podemos usar junto, os pontos cardeais, que são muito importantes para o deslocamento dessas cargas na encruzilhada, mato, ou seja, na natureza.

Material necessário

- Quatro buchas de pólvora feita com algodão ou papel;
- Uma caixa de fósforos;
- Uma garrafa de cachaça;
- Um pedaço de madeira qualquer, pequeno para riscar no chão.

Modo de fazer

Para esse ritual, é necessário no mínimo duas pessoas, a que ira se descarregar e a outra para colocar fogo (se possível, essa deve usar algum tipo de segurança: ex.: uma guia de umbanda), o que não impede de mais pessoas participarem do ritual, até mesmo para uma melhor corrente e concentração, sem problema algum.

Escolha uma encruzilhada, se for o caso, de terra, afastada de casas residenciais ou da cidade. Chegando ao local, risque no chão, com o pedaço de madeira, bem no meio da encruzilhada, no mesmo sentido da encruzilhada, uma cruz grande em forma de flecha, ou seja, coloque nas quatro pontas da cruz riscada no chão, um traço em forma de flecha (←) e cada ponta da cruz, com esse traço, deve ficar apontando para cada uma das saídas da encruzilhada.

Risque ao lado de cada ponta da cruz, as iniciais dos pontos cardeais. N, S, L, O, de acordo com a posição que você se encontra, ou seja, essas iniciais devem ficar de acordo com a posição correta dos quatro pontos cardeais.

Coloque em cima de cada ponta da cruz (←), uma bucha de pólvora semiaberta para facilitar a explosão.

Após, a pessoa que ira se descarregar, deve entrar e ficar bem no meio da cruz, sem calçados, sem dinheiro, chave ou qualquer tipo de segurança ou metal no corpo ou nos bolsos, não podendo também vestir roupas pretas e sim claras, e com as mãos levantadas para cima, de costas para a ponta da cruz, que está riscado o ponto cardeal sul.

Seguindo em frente, a pessoa que ira auxiliar no ritual deve colocar fogo nas buchas de pólvora com cuidado, começando pelas costas da pessoa, ou seja, pelo ponto cardeal sul, seguindo pelos lados dos braços e terminando por último na bucha em frente da pessoa.

Devem, as duas, elevar o pensamento, pedir tudo de bom, chamar por todo o povo da rua, se for o caso, (Exus e Pombas-Gira), podendo até cantar o ponto:

Só bota fogo quem pode botar
O meu ponto é seguro e não pode falhar
Só bota fogo quem pode botar
O meu ponto é seguro é do Pai Oxalá.

Feito isso, a pessoa sai de cima da cruz e a pessoa que está auxiliando na realização do ritual, pega a caixa de fósforos semiaberta com as cabeças dos palitos para fora e o pedaço de madeira que usou para riscar o chão e coloca bem no meio da cruz, pega a garrafa de cachaça abre e divide em quatro partes, mais ou menos iguais, virando cada parte em cima de cada bucha de pólvora queimada.

A garrafa retorna para casa, para dar um melhor fim na mesma. Diferente dos outros pontos de fogo que se faz no terreiro ou em casa, esse não se levanta o ponto, não se mexe nas buchas queimadas e não se apaga o risco feito no chão, se afasta do local deixando tudo como está. E está terminado o ritual de descarga com fogo na encruzilhada.

No outro dia, a pessoa que se descarregou, deve tomar um banho doce com água, mel e perfume, podendo acrescentar ervas doces de sua preferência.

A pessoa que colocou fogo, querendo, pode tomar também, mas não necessariamente, até mesmo porque ela com certeza estava usando segurança, por isso não há necessidade. Esse ritual também pode ser feito em outros pontos de forças já citados acima.

Ritual de Pemba

Esse ritual de pemba, embora não praticado mais, por muitos caciques e chefes de terreiros e também não ensinados aos seus médiuns e seguidores, é muito bom para equilibrar as energias e correntes positivas dentro do terreiro ou até mesmo dentro de casa.

Para isso, usa-se uma pemba branca devidamente cruzada ou batizada na lei de pemba da Umbanda. A pemba também representa a escrita divina através da magia dos pontos riscados e usados nos rituais de Umbanda, e sem sombra de dúvidas é o instrumento mais poderoso utilizado nos rituais de umbanda e sua Linha de Esquerda.

Serve para que as entidades risquem seus pontos de identificação por completo, sua origem, seu nome, sua falange, sua qualificação e seu grau de evolução. Além de serem usadas também, para a imantação de certas forças e energias através de sinais, símbolos e escritas, confeccionados com as pembas de várias cores.

Material necessário

- Uma pemba branca, conforme citado acima;
- Uma pedra áspera ou ralador, para ralar a pemba transformando-a em pó;
- Um prato branco ou bandeja de papelão para colocar a pemba em pó.

Modo de fazer

Com o prato na mão, já com a pemba em pó e vestindo roupas claras ou brancas, caminhe dentro do terreiro ou da sua casa, se for o caso, e em cada canto do terreiro ou casa e nas portas, pegue um punhado de pó de pemba com as pontas dos dedos e sopre nos cantos e nas portas do mesmo, no momento de soprar abra os dedos e a ordem no local, para começar o ritual não altera nada. Podendo começar por onde quiser, mais de preferência no sentido anti-horário.

Faça esse ritual, invocando todas as entidades de umbanda, com o pensamento elevado pedindo boas energias e tudo de bom para seu terreiro, sua casa e família, podendo durante o ritual, cantar um ponto de umbanda ou uma prece a seu critério.

O restante do pó de pemba caso sobre, despache num verde dentro do pátio e o prato pode ser lavado e usado normalmente.

Esse mesmo ritual, pode ser feito na encruzilhada para abrir caminhos, substituindo a pemba branca por vermelha e soprando nos quatro cantos, ou seja, nas quatros saídas da encruzilhada, invocando todo o povo da rua, Exus e Pombas-Gira. Se for cantar um ponto, cante ao povo da rua e nesse caso não precisa vestir branco.

O resto segue igual e caso sobre pó de pemba, deixe na encruzilhada.

Pode também ser feito no terreiro antes de começar os trabalhos ou num dia qualquer, com pemba branca ou vermelha sem problema algum, podendo até intercalar uma vez com branca e outra com vermelha, o resto segue igual como foi ensinado acima, conforme a cor da pemba que você usar.

Ritual de desenvolvimento de Médiuns

Esse ritual, deve ser feito em sessões separadas, com os médiuns novos em desenvolvimentos, deve ser realizado pelo chefe do terreiro ou por uma pessoa com capacidade para tal fim e que incorpore seu guia a bastante tempo.

Devemos tomar muito cuidado, e ser feito com bastante calma e paciência para não forçar o médium ao animismo.

Enquanto o médium estiver em desenvolvimento, principalmente nos dias de rituais de desenvolvimento, antes o médium deve tomar banhos de descarga ou limpeza que serão indicados ou preparados pelo guia, médium ou chefe do terreiro encarregado do desenvolvimento dos médiuns, e sempre que possível os participantes do ritual, devem usar roupas brancas ou claras durante esses rituais.

Após algumas sessões de desenvolvimento, para melhor firmar sua mediunidade, o médium passará ao ritual de batismo, cruzamento e lavagem da cabeça, caso ainda não o tenha feito. Esse ritual é feito pelo cacique, chefe do terreiro ou pelo guia chefe do mesmo, num dia especial dedicado para tal fim, escolhido pelo cacique, chefe do terreiro ou pelo guia chefe. Deve ser feito com a presença dos médiuns da corrente da casa e seus guias, se for o caso, dos padrinhos, podendo também participar da cerimônia, a assistência pública que costuma comparecer no terreiro em dias de sessões comuns, para tomarem passes ou consultarem com algum guia, se assim o cacique ou guia chefe permitir.

Porém, nesse dia não haverá consultas ou passes ao público.

Esse ritual, deve ser feito conforme segue a raiz da casa, ou seja, conforme o fundamento seguido pela mesma. Os rituais de desenvolvimento ou que fazem parte dos mesmos, devem sempre ser iniciados com preces de abertura, pontos cantados e riscados, defumações e demais fundamentos praticados pela casa ou terreiro, que estejam de acordo com as linhas e falanges que irão trabalhar para a realização desses rituais.

Na maioria dos terreiros, para esses rituais, cruzamentos, batizados, reforços, são usados ervas para o mieró (amací), pano de cabeça para o médium, uma guia de segurança nas cores da casa ou terreiro que frequenta, que representará a bandeira da casa, juntamente com uma guia de sete linhas ou do próprio guia do médium, caso já se saiba qual é seu guia, que serão cruzadas no mesmo mieró (amací), que será usado na cabeça do médium, pemba, mel e banha de orí, para a abertura dos chacras do médium e etc., podendo também mudar ou acrescentar algo a mais nesse ritual, conforme o fundamento da casa ou decisão do cacique, ou guia chefe do terreiro, como foi falado anteriormente.

Gostaria de lembrar também, que o óleo de dendê só é usado na abertura dos chacras de um médium na linha de esquerda da umbanda (quimbanda), e não em batizados, cruzamentos ou lavagens de cabeças na Umbanda.

Rituais com pontos riscados

Os verdadeiros e antigos umbandistas sabem, que qualquer tipo de pedido feito às entidades de Umbanda e sua linha de esquerda (quimbanda), usando um determinado ritual ou oferenda para tal fim, será mais fácil e rápido atingir o objetivo desejado, se no momento do ritual ou entrega da oferenda, acompanhar também um ponto riscado da entidade escolhida para agradar, e assim tentar com a ajuda da mesma, atingir o que se deseja.

Esse ponto riscado acompanhando o ritual ou oferenda da entidade escolhida, funciona como um direcionador do pedido, como se fosse um caminho mais rápido e seguro para que o ritual, oferenda ou pedido cheguem à entidade com total êxito, sem correr o risco de se perder no espaço ou em energias negativas, evitando também que algum espírito perverso possa se aproxima ou até mesmo se apropriar da oferenda.

Para que vocês todos saibam, os pontos riscados ainda são uma das magias, trabalhos e rituais mais fascinantes dentro da religião de Umbanda, e tão pouco explorados pelos seus médiuns. Isso tudo é válido também para os pontos cantados dessas entidades de Umbanda e sua linha de esquerda (quimbanda), que se está ofertando ou invocando, ou seja, na hora da realização de algum ritual ou entrega de alguma oferenda, se possível, além de acompanhar um ponto riscado da entidade, cante também um ponto da entidade escolhida, para que melhor seja direcionado seu ritual, oferenda ou pedido.

Os pontos riscados, também têm a finalidade de identificar por completo, a Entidade incorporada na matéria: sua origem, seu nome, sua falange, sua qualificação e seu grau de evolução, além de serem usados também em magias para a imantação de certas forças e energias, através de seus sinais, símbolos, signos e escritas.

Todo chefe de terreiro tem como obrigação exigir das entidades dos seus médiuns, que risquem seu ponto cada vez que incorporarem. Isso é uma das leis da Umbanda que deve ser cumprida, para evitar futuros transtornos para o médium, para o chefe do terreiro e para o terreiro.

Rituais de uso de amuletos, talismãs e patuás

O ritual de uso de amuletos, talismã e patuás na Umbanda e sua Linha de Esquerda, vem desde a antiguidade até os dias de hoje. Assírios, egípcios, caldeus, babilônios, judeus, romanos, mulçumanos, católicos e etc. Todos esses povos e outros, usavam e ainda usam esses rituais.

Considerado crendice ou superstição, por pessoas descrentes ou supostamente sábias, estão aí até os dias de hoje.

Na religião de umbanda e candomblé seu uso é constante, e é claro que apenas por portar um objeto consagrado como talismã, patuá ou amuleto, as pessoas não estão livres de sofrerem certos ataques, influências negativas de espíritos perversos, cargas maléficas, fluidos negativos, perturbadores, obsessão, trabalhos de magia negra e bruxarias, que podem gerar até mesmo certos tipos de doenças e outros tantos, que podem afetar seu dia a dia em todos os sentidos da vida tanto material, como espiritual.

Mais se você possuir um bom e devidamente preparado talismã, patuá ou amuleto que confie, claro que este desviará e amenizará bastante as consequências maléficas ou malignas enviadas a você, principalmente pela influência psicológica da pessoa que o usa.

As pessoas que não tem esses tipos de problemas citados acima, espirituais e materiais e que não gostariam de ter, podem conseguir uma segurança muito eficaz usando um desses patuás, amuletos e talismã.

Os antigos bruxos, feiticeiros, magos e etc., e atualmente os pais de santo, babalorixás, caciques e chefes de terreiros, eram e são muito conhecedores desse assunto.

Os amuletos, talismãs, patuás em geral, guias, correntes cruzadas, breves, chaves, cruzes, figas, pedras, saquinhos com pequenos objetos e orações, funcionam como autênticos acumuladores de forças, correntes, energias positivas e magnéticas que imunizam o campo áurico da pessoa, atraindo, condensando e dispersando energias, correntes e fluidos negativos, enviados contra ela pela radioatividade emanada de algum objeto, o qual também influência de modo psicológico a mente do portador que deposita inteira confiança no talismã, patuá ou amuleto usado, que para ele funciona como um atraidor de energias e correntes positivas.

Como há quem deles duvide, não achamos ser crendice ou superstição. Respeitamos as opiniões alheias, assim como devem respeitar a nossa, que é baseada em estudos e experiências comprovadas desde tempos remotos.

Não queremos afirmar aqui, em hipótese alguma, que qualquer tipo de objeto sirva de proteção para uma determinada pessoa. A sua escolha, preparação, imantação, poder de atração, condensação de fluidos, a respectiva radiação e outros que o torne eficaz, dependem muito de estudos profundos do ocultismo, magias, misticismos, rituais ou orientação de espíritos ou de pessoas entendidas no assunto.

Para encerrar esse assunto, gostaria de sugerir a você que ainda não tem e não usa um talismã, patuá, breve ou amuleto, trate de providenciar um em algum lugar ou com alguém que tenha conhecimento no assunto, tenho certeza que você não vai se arrepender e com certeza sua vida vai melhorar muito.

Alguns exemplos são: ferraduras, cavalos marinhos, figas todos os tipos, estrelas todos os tipos, cruz todos os tipos, diversas orações, sementes vários tipos, imãs, chaves, pé de coelho, olho de boi, olho de cabra, miniatura de imagens de santos, trevo de quatro folha, guias e muitos outros.

Ritual de Cruzamento do Congá

Ensinarei um pequeno ritual aos iniciantes de Umbanda, que é bem simples de se fazer e muito eficaz, direcionado às pessoas que querem ter ou já tem um congá em casa, mais que devido a morarem em apartamentos ou casas de aluguel, não podem fazer um bom cruzamento ou firmeza no seu congá, por não poderem plantar ou enterrar nada no local.

Material necessário

- Quatro alguidares pequenos, tigela de louça ou vidro;
- Uma vela de sete dias branca;
- Álcool;
- Água;
- Terra do local onde mora;
- Mel;
- Perfume de alfazema;
- Óleo de dendê.

Modo de fazer

Numa das vasilhas, coloque um pouco de terra do local onde mora acima do meio da vasilha. Vá colocando a terra aos poucos e socando com a mão para ficar firme.

Pegue outra vasilha e coloque água até o meio da vasilha. Na terceira vasilha coloque álcool também até o meio da vasilha e na última não coloque nada.

Depois de pronto, coloque as quatro vasilhas na frente do congá, no piso, na seguinte ordem:

Do seu lado esquerdo coloque a vasilha com água, ao lado da vasilha com água em direção ao lado direito, coloque a vasilha vazia. Ao lado dessa vasilha, seguindo em direção a direita, coloque a vasilha com álcool. Ao lado da vasilha com álcool coloque a vasilha com terra, fechando assim as quatro vasilhas com os quatro elementos, água, ar, fogo, terra.

Com muito cuidado, coloque fogo na vasilha que contém álcool e acenda a vela de sete dias na frente das quatro vasilhas.

Bata sineta, fazendo uma chamada a todas as entidades de Umbanda, caboclos, exus, pretos velhos, ciganos, guias e protetores, pedindo tudo de bom para esse congá, principalmente que seja um portal de segurança, força, luz e boas energias.

Deixe velando por sete dias no congá, bata sineta e repita a chamada e os pedidos, todos os dias, sem mexer nas vasilhas, e fique atento enquanto estiver queimando o álcool para evitar acidentes.

Pode ser feito a qualquer dia e hora, podendo dar preferência para começar o ritual nas horas abertas que são: seis da manhã, meio dia, seis da tarde, Meia noite.

Passados os sete dias, vamos a levantação do ritual.

Após bater a sineta, fazer a chamada e os pedidos novamente, pegue a vasilha que está a sua esquerda com a água e vire essa água dentro da vasilha que estava vazia, ao lado da mesma representando o ar, agora pegue essa vasilha que está misturada a água e ar e vire dentro da vasilha ao lado, também vazia, que estava representando o fogo. Seguindo em frente, pegue essa vasilha que agora está misturada com água, ar e fogo e vire dentro, de vagar e com cuidado, da vasilha que está com a terra. Vá virando e espere um pouquinho até a água penetrar na terra.

Coloque por cima dessa vasilha um pouco de óleo de dendê, e por cima do óleo de dendê coloque um pouco de mel, e por cima do mel um pouco de perfume, e está pronto seu cruzamento ou firmeza de congá.

Coloque essa vasilha discretamente embaixo do seu congá ou num canto qualquer de sua preferência junto ao congá, podendo ser até na prateleira do mesmo, mais que fique longe dos olhos alheios e deixe nesse local para sempre, sem precisar mexer ou reforçar mais, a não ser que você mude de casa ou apartamento, aí sim terá que repetir todo o ritual, pois esse não terá valor algum na próxima residência e local que você montar o seu congá.

Faça uma defumação no seu congá, e assim termina esse ritual de cruzamento de congá.

As outras três vasilhas, podem ser lavadas e usadas normalmente.

Obs.: Esse cruzamento é feito depois das imagens estarem devidamente cruzadas com ervas, e o congá montado.

Se você mora em um local próprio e tiver como plantar (enterrar), essa vasilha embaixo do congá, fica a seu critério. E poderá também acrescentar outros itens como carvão, sal grosso e etc.

Ritual de Corte na linha de esquerda

Material necessário

- Os animais escolhidos, com os pés e o bico lavados (limpos);
- Mel;
- Banha de orí;
- Óleo de dendê;
- Um pires;
- Perfume;
- Um alguidar ou vasilha média contendo a metade de água para o ecó;
- Dois pratos fundos;
- Duas moedas – qualquer valor;
- Duas fatias de pão;
- Um alguidar ou bacia grande, se tiver quatro pés;
- Uma travessa que caiba a cabeça, pés e os testículos do cabrito;
- Duas toalhas ou plásticos para improvisar as mesas.

Modo de fazer

Se você chegou até esse momento na religião de Umbanda e resolveu dar mais esse passo importantíssimo para você, seu Exu e Pomba-Gira. Com certeza você já tem seu Assentamento feito anteriormente com ervas. Se não tem, primeiro trate de providenciá-lo, assentando primeiro com ervas para só depois poder usar animais de duas ou quatro patas.

Vou dar como exemplo o sacrifício de um cabrito e um galo juntos, para o exu, porque não se pode sacrificar um cabrito sem junto sacrificar uma ave (galo).

Mais se preferir você pode sacrificar somente a ave (galo), sem o cabrito, isso vale também para a galinha e a cabrita, se for o caso da pomba-gira, que também é todo igual, conforme vou ensinar para o Exu.

A primeira coisa a se fazer é acender uma vela na casa do Exu e organizar o seu assentamento para a obrigação de axorô (menga), limpando e imantando todos os materiais soltos do seu assentamento. Ex.: quartinhas e os que estão no próprio assentamento que podem ser removidos, com a banha de orí. Os que estão fixos ex.: ponteiras, você deve limpa-los sem tirar do lugar.

Após limpo, coloque um pouco de óleo dendê e mel por cima de todo o assentamento, mais óleo de dendê do que mel.

Improvise ao lado uma mesa com uma toalha ou plástico para colocar os animais, depois de sacrificados.

Bata a sineta, saudando o Exu e a Pomba-Gira assentados, pedindo tudo de bom para você e todos os presentes, principalmente saúde, paz, trabalho e caminhos abertos.

Com a ajuda de outras pessoas, peguem os animais escolhidos e com uma colher coloque um pouco de mel dentro do bico dos mesmos, se preferir você pode colocar também alguns ramos verdes na boca do cabrito na hora que for sacrificá-lo, devendo esses continuar na boca do mesmo durante o corte, e quando for a cabeça para a travessa, até a hora da levantação.

Como foi dito em obras anteriormente, esses animais considerados meios quatro pés e quatro pés, possuem uma maior quantidade de sangue (axorô, menga), portanto para oferecermos um quatro pés no Assentamento do Exu, Pomba-Gira, além de termos o máximo de cuidado possível para não jorrar muito axorô fora do Assentamento e das vasilhas, devemos também ter muita responsabilidade, confiança e firmeza na hora do corte, para que tenhamos sucesso absoluto na parte material e espiritual.

E todo o axorô que jorrar (cair), fora das vasilhas, na casa do Exu, no chão e até mesmo na toalha improvisada, após o corte deve ser limpo imediatamente. Podendo usar um pano úmido.

Quero lembrar que a ave (ou aves), que acompanha o cabrito na hora do corte, deve ser cortada depois do cabrito.

Estamos no ponto em que depois colocamos um pouco de óleo de dendê e um pouco de mel por cima do Assentamento, depois dele estar pronto e estar devidamente montado pela feitura anterior (com ervas), e imantado com banha de orí. Faca (obé), devidamente afiada.

Próximo passo: se a casa dos exus for pequena que não de para entrar dentro, coloque a panela ou alguidar do Assentamento na frente da porta da casa do Exu, no chão, em cima de outra mesa improvisada, com uma toalha ou plástico, do lado, o alguidar ou bacia grande que ira receber a maior parte do axorô, devidamente imantado com óleo de dendê e mel, e com uma moeda e uma fatia de pão dentro. Também ao lado o prato, também imantado com óleo de dendê e mel, dentro uma moeda, uma fatia de pão, quartinhas, guias e a sineta, se for o caso. Se não houver cabrito no sacrifício não há necessidade do alguidar ou bacia grande que iria receber a maior parte do axorô.

Se preferir, uma maneira fácil e correta que se pode fazer as mesas para o corte, é improvisá-la com vários jornais, depois da obrigação é só juntar os jornais embolar e colocar no lixo, sem problema algum.

Seguindo em frente, peça para as pessoas escolhidas que segurem o cabrito (homem ou mulher, em média quatro pessoas).

Devendo essas pessoas, segurar o cabrito do seguinte modo:

Uma das pessoas segura com uma mão a boca fechada do cabrito já com as ervas, e com a outra mão segura uma das guampas, outra pessoa segura os pés (patas) dianteiros, outra segura o meio do corpo e a outra segura os pés (patas) traseiros.

O cabrito deve ficar na posição com os pés, o peito e barriga, virados para frente, ou seja, mais ou menos de frente para a casa ou assentamento do Exu, Pomba-Gira, a cabeça para baixo, em direção ao assentamento e seus utensílios, os pés traseiros para cima e as costas do cabrito deve ficar mais ou menos virada para as pessoas que estão segurando o mesmo.

A pessoa que for realizar o ritual (corte), deve pegar o obé (faca) dos Exus, bem afiada e passar um pouco de mel na lamina da mesma, e após erguê-la em direção as pessoas presentes e pedir "Agô" (licença), elas devem responder "Agoiê" (licença concedida).

Neste momento a pessoa que for realizar o corte, entra no meio das pessoas que estão segurando a cabeça e os pés dianteiros do cabrito, pega a outra guampa do cabrito com uma mão, e leva a cabeça em direção ao alguidar ou bacia grande, preparado para tal fim (imantada, e com uma moeda e fatia de pão dentro). E com a outra segurando o obé (faca), bem firme, deve introduzir a mesma no pescoço do cabrito bem próximo a cabeça, sangrando-o (não é para degolar, nem cortar o couro do pescoço, espete o obé cravando entre o pescoço e o couro até sangrar).

Após introduzir o obé force-a um pouco até o axorô (sangue), começar a jorrar.

Enquanto isso acontece, procure não mexer muito o obé, e volte a mexer e forçá-la somente quando parar de jorrar o axorô, assim terá um melhor aproveitamento.

Enquanto estiver jorrando o axorô, movimente a cabeça do cabrito para que o axorô possa cair por cima do alguidar ou bacia grande, do prato com os utensílios pertencente ao assentamento (quartinha, guia, sineta etc.) se for o caso, não muito, e também por cima do Assentamento (não muito).

Tenha muito cuidado em dividir o axorô que está jorrando, para que caia em torno de mais ou menos 80% no alguidar ou bacia grande, e mais ou menos 20% dividido entre o prato com os utensílios e o Assentamento. Procure circular, para que o axorô não caia no mesmo lugar nas vasilhas, e sim em cima de tudo. O mesmo vale para o galo.

Veja bem, tem que ser rápido e firme, pois o cabrito não pode sofrer nem berrar em hipótese alguma, sobe pena de ter que repetir todo o ritual. E não esqueça a maior quantia de axorô não vai no assentamento e sim na vasilha grande preparada para tal fim. Com isso você não corre o risco de apodrecer uma quantia grande de axorô no seu assentamento depois de alguns dias, contaminando o mesmo com certos tipos de larvas, até mesmo larvas astrais.

Após terminar de jorrar o axorô, você deverá forçar o obé fazendo toda a volta do pescoço até cortar totalmente o couro e a carne do pescoço sem destacá-lo deixando a cabeça ainda presa na junta do osso, que após, você devera terminar de arrancá-la usando as mãos, girando a cabeça até destacá-la.

Feito isso, coloque a cabeça do cabrito numa travessa com a parte do corte para baixo.

Pegue o cabrito e lave a ponta do pescoço na vasilha com água (ecó), que deve estar do lado do assentamento, em cima da mesa improvisada, e coloque o cabrito em cima de outra mesa improvisada com uma toalha ou plástico, com os pés virados para dentro do pátio (terreno), e com o pescoço coberto com um pano. Se você costuma usar capa de tecido da cor correspondente a entidade no cabrito para o ritual de corte, o pescoço após o corte pode ser coberto com a própria capa.

A seguir com uma faca de cozinha, destaque os quatro pés (patas), nas juntas e coloque na travessa que está a cabeça. Ficando assim:

Os dois pés dianteiros, um de cada lado da cabeça um pouquinho para frente, os dois pés traseiros, um de cada lado da cabeça ficando um pouquinho para traz. Podendo ficar por cima ou do lado dos pés dianteiros. Destaque (corte), os testículos (ovos do animal macho), e coloque atrás da cabeça, e reserve a travessa num lado até a hora de colocar dentro da casa dos Exus (esse item pode ser feito por outra pessoa).

Peça a alguém que segure o galo (homem ou mulher), e com uma colher pequena coloque um pouco de mel dentro do bico (boca), se ainda não tiver colocado.

Devendo essa pessoa segurar o galo do jeito que uma das suas mãos entre por baixo das asas, segurando as duas juntas (a palma da mão deve ficar virada para as asas), e com a outra mão segure os pés juntos.

O galo deve ficar na posição, com o peito virado para frente, ou seja, de frente para o alguidar ou bacia, prato com os utensílios, panela ou alguidar do assentamento, e as costas do galo deve ficar virada para a pessoa, ou seja, as costas de frente para a pessoa que está segurando o galo.

Então, a pessoa que está realizando o corte, pega a cabeça do galo com uma mão, e leva em direção ao alguidar ou bacia, prato com os utensílios e Assentamento. E com a outra segurando o obé (faca), deve introduzir a mesma no pescoço do galo bem próximo a cabeça sangrando-o (não é para degolar, nem cortar o couro do pescoço, espete o obé, cravando entre o pescoço e o couro até sangrar).

Após introduzir o obé force-o um pouco até o axorô (sangue), começar a jorrar.

Enquanto isso acontece, procure não mexer muito o obé, e volte a mexer e forçá-lo somente quando parar de jorrar o axorô (sangue), assim terá um melhor aproveitamento. Deixe o axorô cair por cima das três vasilhas (alguidar ou bacia, prato, assentamento), se for o caso.

Tenha também o cuidado de dividir o axorô que está jorrando, na proporção citada anteriormente, entre o alguidar ou bacia, prato e Assentamento, e procure circular para que não caia no mesmo lugar nas vasilhas, e sim em cima de tudo.

Veja bem, tem que ser rápido e firme, pois o galo não pode sofrer nem bater asas em hipótese alguma, sobe pena de ter que repetir todo o ritual.

Após terminar de jorrar o axorô, você deverá forçar o obé até romper totalmente o osso do pescoço sem destacá-lo totalmente deixando a cabeça ainda presa em uma parte do couro, que após, você devera terminar de arrancar usando as mãos.

Feito isso, coloque a cabeça do galo no alguidar ou panela do Assentamento, bem na frente, que fique de frente para a porta da casa dos Exus, depois de colocado o assentamento dentro da casa.

Pegue o galo e lave o pescoço na vasilha com água (ecó), que deve estar do lado do assentamento, em cima da mesa improvisada, onde foi lavado o pescoço do cabrito, e coloque em cima da outra mesa improvisada junto com o cabrito, com os pés virados para dentro do pátio (terreno). Cuidado, alguém deve ficar segurando o galo na mesa até morrer, para não bater as asas em hipótese alguma.

A seguir, com ajuda de alguém e com cuidado para não bater as asas, destaque sete penas de cada asa do galo e coloque sete em cada lado, uma do lado da outra, na beira da panela ou alguidar do assentamento, cravando-as o mínimo possível, somente para ficar em pé.

Depois destaque três penas da cola e crave o mínimo possível na parte de trás da beira da panela ou alguidar do Assentamento.

Após, pegue a faca de cozinha e destaque (corte), as pernas do galo na junta, e coloque-as na frente do assentamento, uma de cada lado da cabeça do galo, deitadas com a parte que foi destacada (junta), para dentro e os pés para frente, um pouco para fora da panela ou alguidar do Assentamento, com a palma dos pés para baixo.

Após deixe o obé do Exu cravada em pé dentro da casa, com o fio virado para rua.

Destaque com as mãos algumas penas das costas do galo (não muito), se for galinha da Pomba-Gira é do peito, e espalhe em cima do assentamento.

Ficando assim: dos lados as penas das asas, na frente a cabeça e os pés um de cada lado da cabeça, atrás as penas da cola. É como se você estivesse montando o galo, pois o corpo é o assentamento.

Coloque também, algumas penas das costas (não muito), em cima do prato com os utensílios, e em cima do alguidar ou bacia grande que recebeu a maior parte do axorô.

Agora com muito cuidado para não virar nada, pegue a panela ou alguidar do assentamento e coloque no seu devido lugar dentro da casa dos Exus.

Coloque também o prato com os utensílios, alguidar com o axorô, ecós, frutas e oferendas se tiver, tudo no assoalho na frente do Assentamento.

Pulverize um pouco de perfume por cima de tudo, feche a porta da casa dos Exus e está pronto.

Após, despache a água da vasilha (ecó de sangue), que foi usada para lavar o pescoço do cabrito e do galo, na frente de sua casa, do lado de fora do portão (rua).

Obs.: Sempre que estiver manuseando o cabrito e o galo para tirar as penas e pernas, ou se eles estiverem em cima da mesa improvisada esperando para tal fim, não deixe nunca o galo e o cabrito com os pés virados para a rua e sim para dentro do pátio.

E quando você for oferecer mais de um galo juntos para o Exu no seu assentamento, ao invés de tirar sete penas de cada asa, você tirará somente sete penas de

Ritual de Corte na linha de esquerda

uma asa de cada galo, independente de quantos forem, o restante do ritual segue tudo igual, e não se esqueça de lavar os pés e o bico do galo e do cabrito antes do ritual e colocar um pouco de mel na boca dos dois antes do corte.

Para finalizarmos essa primeira etapa, recolha as mesas improvisadas e tudo que ainda estiver na frente da casa dos Exus, levando o galo direto para a cozinha e o cabrito deve ser pendurado para ser coureado e desmontado em partes (paleta, quarto, costela e espinhaço) por alguém que saiba.

Retire também os miúdos do cabrito, considerados partes importantes do organismo do animal (coração, fígado, rins), que devem ser assados ou cozidos com bastante tempero e colocados num prato dento da casa dos Exus. Podendo colocar junto, no mesmo prato, as inhalas do galo (ponta das asas, pescoço, coração etc.).

Tanto o galo, quanto a carne do cabrito pode ser assada e distribuída em pedaços pequenos para as pessoas comerem no dia do ritual de corte, da festa ou gira comum se tiver, caso contrário, consuma em casa normalmente.

Em qualquer hipótese não se esqueça de colocar um pedaço para o Exu ou Pomba-Gira se for o caso, no seu assentamento.

O couro pode ser tratado para usar em tambor ou como enfeite.

As vísceras (buchadas, tripas, pulmões, etc.), podem ser enterradas no fundo do pátio (terreno), mato ou encruzilhada. O mesmo vale para o galo ou galinha.

Seguindo em frente, depene o galo com água quente, após, sapeque no fogo para queimar algumas penas e plumas novas que ainda ficaram. Lave o galo e vamos abri-lo.

Pegue uma faca de cozinha bem afiada e uma tábua de cortar carne, corte a ponta do pescoço e as pontas das duas asas do galo e reserve-as.

Risque o couro, cortando no sentido horizontal acima do peito, próximo ao pescoço do galo, e tire a goela e o papo do mesmo, puxando-os com os dedos e cortando rente o peito.

Abra o galo com a ponta da faca, riscando o couro do peito para baixo, no sentido vertical.

Introduza os dedos das mãos com cuidado e vá tirando todas as vísceras do galo, devagar com muito cuidado.

Separe e coloque junto com a ponta do pescoço e as pontas das asas, o coração, o fígado, moela devidamente aberta e limpa e os ovos do macho (testículos), se tiver.

As penas do galo, juntamente com as vísceras (buchadas, tripas, pulmões, etc.), podem ser enterradas no fundo do pátio (terreno), mato ou encruzilhada. O mesmo vale para o cabrito.

Quanto ao galo, depois de lavado novamente, tempere com óleo de dendê e tempero a gosto, inclusive pimenta, e coloque para assar no forno do fogão (cuidado para não assar demais).

Quanto às inhalas: ponta do pescoço, ponta das asas, coração, fígado, moela e os testículos (ovos do galo se tiver), esses devem ser colocados numa frigideira e acrescentar umas gotas de óleo dendê, leve ao fogo baixo e frite-os, mexendo sem parar com uma colher de madeira e deixando-os malpassados.

Após esfriar, coloque as vísceras no pires assim: coração, fígado e moela no meio, a ponta de uma asa de cada lado e o pescoço na frente e os testículos (se tiver) atrás.

Coloque o galo assado, se você optou por assá-lo, no prato fundo com o peito para baixo, pegue o pires e o prato, se for o caso, e coloque dentro da casa dos Exus, com os pescoços de frente para a porta da casa dos Exus, saudando-o novamente.

Se preferir pode colocar as (inhalas) do galo, junto no prato com os miúdos (inhalas), do cabrito, se for o caso.

Deixe tudo na casa dos Exus por quatro dias com velas acesas, indo todos os dias, nas primeiras horas da manhã ou no final do dia, ou a noite se preferir, fazer uma chamada aos Exus com ou (sem sineta) caso a mesma esteja no prato com outros materiais para receber axorô, pedindo tudo de bom para você e sua família.

Pulverize bastante perfume durante esses dias e acenda incensos.

Em muitas casas, esse tipo de obrigação permanece no assentamento por sete dias, eu até concordo em época de inverno, mais no verão, com muito calor, vai dar problemas já citados anteriormente e principalmente com os vizinhos, pelo mau cheiro.

Por isso, adotei mais ou menos três dias para obrigações de aves e mais ou menos quatro dias para obrigações de quatro pés. E mesmo assim nas obrigações de quatro pés, no verão sou obrigado a levantar as inhalas, cabeças e algo a mais que costumam estragar ligeiros e que já estejam cheirando mal com três dias.

Sou totalmente contra deixar a obrigação estragar, cheirar mal, criar bichos na frente de um assentamento, seja ele qual for, para Exu ou Orixá, achando e pensando que os bichos que se criam da podridão são florzinhas, como muitos pais de santo dizem a seus filhos.

Se são florzinhas, imagino e acredito, que a obrigação floresceu. Se a obrigação floresceu é sinal que não vai dar fruto, porque quando uma arvore frutífera floresce isso significa que não vai dar frutos, portanto ao meu entender e respeitando a opinião e preceitos dos outros irmãos, acredito que não devo deixar isso acontecer nos meus assentamentos, como nunca deixei, e até hoje não tenho do que me queixar com essas entidades maravilhosas. E isso sem falar nas entidades ali assentadas, será que irão gostar dessa podridão toda e mal cheiro no seu assentamento?

Obs.: se você preferir após lavar o galo, você pode desmontá-lo em partes pequenas, temperar a seu gosto inclusive com pimenta, e assá-lo, ou cozinhar na panela de pressão e enfarofar a seu gosto, ou servir no prato cozido sem enfarofar, junto com um pirão feito com farinha de mandioca (sirva o pirão, caldo e galo). Podendo servir junto pedaços da carne do cabrito assado ou frito.

Antes, sirva um pedaço ao exu no assentamento (frio ou morno), e depois às pessoas que participaram do ritual.

Sirva num prato, porém as pessoas devem comer com as mãos, sem talher e em pé.

As pessoas devem pegar o prato somente na primeira servida e mostrar as pessoas ali presentes, de uma vez só para todos e pedir agô, eles devem responder todos juntos agoiê. E após podem comer podendo até ser acompanhado com uma bebida alcoólica, ex.: cerveja, vinho etc., sem excesso.

No final junte os ossos e as sobras e de para um animal comer ou despache no cruzeiro ou enterre no seu pátio (terreno).

Se houver festa ou gira comum, deixe tudo para servir as pessoas presentes, podendo servir e comerem sem cerimônia alguma.

Ritual de Levantação

O processo de levantação, após o sacrifício de animais de quatro pés (cabrito, porco, boi novo), ou aves, no assentamento dos exus, é quase todo igual do começo ao fim, independente do animal sacrificado.

Devido a esses animais de quatro patas possuírem maior quantidade de sangue (axorô, menga), o que você pode mudar não obrigatoriamente é, se estiver muito calor você pode levantar a obrigação com três dias, embora o certo seja quatro dias o mínimo, evitando assim que a mesma estrague na frente dos Exus, além de evitar também o mau cheiro devido ao calor, e até mesmo os vermes e larvas astrais contaminando o seu assentamento. O resto, segue tudo igual com alguns acréscimos (cabeça, pés, testículos, miúdos), referente ao cabrito. No final do terceiro ou quarto dia, bem à tardinha ou a noite se preferir, vá à casa do Exu com uma bacia grande.

Coloque dentro da bacia o galo assado, se você optou por assar, a cabeça do cabrito (antes tire as guampas, somente os cascos da mesma, para deixar na vasilha do assentamento como prova dos quatro pés, se não conseguir só puxando, cerre próximo a cabeça), as patas, os testículos, as vísceras, as oferendas (milho, pipoca), sem as vasilhas, as penas, todas sem deixar nenhuma, a cabeça do galo, os pés, tudo isso você deve ir recolhendo devagar e aos poucos, com cuidado, sem levantar, mexer, arredar ou limpar a panela, ou alguidar de assentamento.

Tire as quartinhas, guias, sineta do prato se for o caso, e vire o que restou na bacia, vire também o axorô que está no alguidar ou bacia.

Após, pegue algumas frutas, menos banana e pique-as com uma faca de cozinha, como se fosse para uma salada de frutas com cascas, e coloque por cima de tudo na bacia.

Coloque óleo de dendê, mel e perfume por cima de tudo, se tiver alguns cravos vermelhos ou rosas vermelhas, destaque as pétalas e coloque por cima de tudo. (Esse último não é obrigatório).

Limpe com um pano molhado a quartinha, guias, sinetas, e coloque nos seus lugares (quartinha com água), bata a sineta, fazendo sempre pedidos de coisas boas, pulverize perfume e feche a casa dos Exus, mantendo por sete dias uma vela acesa.

Pegue a bacia com toda a obrigação e leve para uma encruzilhada afastada da cidade ou de residências, chegando lá escolha o local, forre o chão com folha de mamona ou papel de seda nas cores dos Exus e vire tudo em cima.

Deixe uma vela, agora branca e comum acesa do lado para clarear a obrigação. Volte para casa e está tudo encerado.

Se preferir, leve tudo para o mato ou praia, faça um buraco, forre e enterre tudo, forrando embaixo e em cima para colocar a terra por cima de tudo, deixe a vela branca acesa em cima.

E também se você mora em casa própria e quiser usar, plantar a primeira obrigação de quatro pés feita ao Exus como segurança de sua casa, é ótimo, faça um buraco no lado da casa dos Exus ou atrás, na frente ou no fundo do pátio (terreno) de sua casa, forre com folha de mamoneiro ou papel de seda, coloque o conteúdo da bacia (vire no buraco), forre novamente em cima e cubra com a terra por cima de tudo. Tape bem o buraco, se tiver animais em casa, como cachorro, coloque uma tabua ou lata em cima de tudo para evitar que o animal o destape. E assim está terminada a obrigação ao Exu.

Ritual de Saída de Ecó

Esse ritual apesar de simples significa o seguinte: Numa gira ou homenagem a uma ou mais entidades da linha de esquerda (quimbanda), que tenha havido corte de aves ou qualquer tipo de animais oferecidos no seu assentamento de esquerda, antes da gira ou homenagem, com certeza teve nesse dia, na hora do sacrifício (corte), o ecó que poderá ser um alguidar, ou vasilha de louça ou vidro, com água e óleo de dendê, com água e mel, ou com água, mel, e óleo de dendê juntos, água e perfume ou até mesmo só água.

Esse ecó vai servir para lavar o pescoço do animal, seja ele qual for, na mesma hora após o sacrifício (corte) do mesmo, antes de ir para uma mesa improvisada, para colocar os animais sacrificados.

Geralmente esses sacrifícios, cortes de animais no assentamento, por motivo de dar bastante trabalho e tomar bastante tempo não são feitos no mesmo dia e sim mais ou menos um, dois ou três dias antes da gira ou homenagem se for o caso, assim, dando tempo para poder organizar tudo no terreiro ou casa, com calma e tranquilidade.

Em alguns terreiros ou casas de religião que praticam esses rituais, costumam despachar esse ecó para a rua na mesma hora após o termino do sacrifício (corte), se não for realizar gira ou homenagem sem ritual algum, apenas o cacique, chefe do terreiro, um médium ou até mesmo uma entidade, se for o caso, pega o ecó e despacha na encruzilhada, rua, ou até mesmo na rua em frente o terreiro ou casa de religião, sem problema algum. Isso depende muito da ordem dada pelo cacique, chefe do terreiro ou guia chefe, e do fundamento e raiz que o terreiro ou casa segue.

Porém, muitos também costumam deixar essa vasilha com ecó de sangue (axorô, menga), que foi lavado os pescoços dos animais no assentamento, até o dia da gira ou homenagem para ser despachado durante a mesma, com o antigo ritual de saída de ecó, que é feito da seguinte forma:

No dia da gira ou homenagem à entidade que recebeu o corte, num determinado momento pendendo já para o final da mesma, o cacique, o chefe do terreiro ou guia chefe ou até mesmo um médium designado para tal fim, vai até o assentamento da linha de esquerda, pede agô (licença), para as entidades ali assentadas e pega a vasilha que está com o ecó e leva para o meio do salão ou local onde está acontecendo a gira ou homenagem.

Ao entrar nesse recinto com a vasilha do ecó na mão, a pessoa faz sinal para o tamboreiro parar o tambor temporariamente. Seguindo em frente pede em voz alta agô (licença), para as entidades presentes (exus e pombas-gira), pede para que elas larguem seus copos e cigarros e se afastem um pouco, livrando o meio do salão ou local que está acontecendo a gira ou homenagem e coloca a vasilha com o ecó no meio do recinto no chão (piso).

Após arriar a vasilha com ecó no chão, faz sinal para que o tamboreiro comece a cantar um ponto de exu e pomba-gira de rua, e todas as entidades presentes, exus e pombas-gira, deverão dançar ao redor da vasilha com o ecó de sangue (axorô, menga), sem chapéu na cabeça, copos ou cigarros nas mãos. Todos de frente para a vasilha e dançando no sentido ante horário.

Um só ponto cantado é o suficiente, o que não impede de ser mais de um.

Após dançarem um pouco ao redor e de frente para o ecó, e antes do termino do ponto cantado, o cacique, o chefe do terreiro, guia chefe, um médium ou uma entidade qualquer designada para tal fim, pega a vasilha com o ecó de sangue e despacha na encruzilhada, rua, ou até mesmo na rua em frente o terreiro ou casa de religião.

Feito isso e ao retorno de quem foi despachar o ecó, termina-se de cantar o ponto escolhido para tal fim, e segue a gira ou homenagem normalmente.

Sugestão do ponto a ser cantado

Seu tranca rua matou seu galo
E não quis comer sozinho
Chamou seus camaradas
E repartiu em pedacinhos

Chamou seu lúcifer
A rainha pomba-gira
E o exu mulher

Chamou seu lúcifer
A rainha pomba-gira
E o exu mulher

Obs.: esse ritual de saída de ecó, não pode ser feito no começo, antes do meio da gira ou homenagem, e sim do meio da cerimônia para frente.

A vasilha que se usou para o ecó, após despachar o mesmo, retorna e após ser lavada pode ser usada normalmente.

E como sempre falo esse é o básico, o mínimo que se deve fazer. Quem já está bem a frente, em termos de cultura, sabe que nesse ritual pode ser acrescentado outros itens, que expostos aqui agora, só iriam confundir e atrapalhar o aprendizado dos mais novos.

E como essa não é a nossa finalidade, deixamos esses itens mais para frente.

Ritual de Saída de Ebó

Material necessário

- Uma garrafa de cachaça;
- Uma vela branca comum pequena;
- Um vidro de óleo de dendê comestível pequeno;
- Um pote de mel pequeno;
- Uma colher;
- Um alguidar ou bacia com o ebó das carnes devidamente preparados;
- Um alguidar grande;
- Um guardanapo de pano.

Modo de fazer

Esse ritual de saída de ebó que vou ensinar também é um ritual simples, o mínimo que se deve fazer quando houver corte no assentamento de esquerda.

É bem parecido com o ritual de saída de ecó, porém é um pouco mais complicado de se fazer, exige uma ordem e atenção, e só pode ser feito em gira ou homenagem a uma ou mais entidades da linha de esquerda (quimbanda), que tenha havido corte de aves ou qualquer tipo de animais, oferecidos no seu assentamento de esquerda antes da gira ou homenagem.

Geralmente esses sacrifícios, cortes de animais no assentamento, por motivo de dar bastante trabalho e tomar bastante tempo, não são feitos no mesmo dia e sim mais ou menos um, dois ou três dias antes da gira ou homenagem, assim, dando mais tempo para poder organizar tudo no terreiro ou casa, com calma e tranquilidade.

A maneira de realizar esse ritual de ebó, numa gira ou homenagem é a seguinte:

No dia da gira ou homenagem a entidade ou entidades, se for o caso, no decorrer da mesma e num determinado momento, pendendo já para o final da gira ou homenagem, o cacique, o chefe do terreiro ou guia chefe, ou até mesmo um médium incorporado ou não, designado para tal fim, escolhe as três entidades que irão ajudar no ritual, convidando-as uma a uma e as leva para o local (peça), onde está todo o material já pronto e reservado e distribui a cada uma das entidades na seguinte ordem, que deverá ser mantida até o final do ritual, tanto na entrada como na saída do recinto:

A primeira pega a vasilha com o ebó (carnes preparadas), a segunda pega a cachaça e o óleo de dendê, um em cada mão devidamente abertos, e a terceira pega o mel, também aberto, com uma colher dentro e a vela acesa, um em cada mão.

A entidade ou médium que está organizando o ritual, pega o alguidar vazio e o guardanapo e direciona-se ao salão ou local onde está acontecendo a gira ou homenagem.

Ao entrar nesse recinto com o alguidar e o guardanapo na mão, faz sinal para o tamboreiro parar o tambor temporariamente. Seguindo em frente pede em voz alta agô (licença), para as entidades presentes (exus e pombas-gira), e pede para que elas se afastem um pouco, livrando o meio do salão ou local que está acontecendo a gira ou homenagem, coloca o alguidar vazio no meio do recinto, no chão (piso), para que ali sejam depositados pelas entidades os ossos que por ventura saiam do ebó.

O guardanapo permanece com ela para que seja oferecido as entidades durante o ritual para limparem as mãos.

Após arriar o alguidar no chão, faz um comentário, a seu critério, a respeito da saída de ebó, podendo ser até mesmo o convite às entidades presentes, para participarem do mesmo. Pede para que as mesmas larguem seus copos e cigarros, e também tirem seus chapéus.

Avisa que o alguidar no chão é para ser depositados os ossos, e uma coisa muito importante, aproveitar para comentar ou explicar às entidades <u>mais novas,</u> que depois de comer o mel, não podem comer mais nada, o mel é o último que se come. Pede desculpas às entidades mais velhas presentes pelo ensinamento aos mais novos nesse momento, principalmente os filhos da casa e faz sinal para que o tamboreiro comece a cantar o ponto de saída de ebó. As entidades que foram escolhidas para servirem o ebó, entrarão nesse momento no salão ou recinto, dançando com os itens nas mãos e na ordem já citada acima, em fila, na direção primeiro ao assentamento pedindo agô (licença), depois à porta de frente para a rua, se for o caso também pedindo agô, depois na frente do tambor, sempre na ordem de entrada, um atrás do outro. Após e por último, começarão a se misturar com as entidades presentes, oferecendo o ebó a elas, somente às entidades incorporadas, ou seja, exus e pombas-gira, as pessoas presentes que não estão incorporadas, não participarão do ebó nesse momento.

Todos os ebós que serão oferecidos, as entidades devem comer com a mão, com exceção do mel que, até por uma questão de prática, acompanhará uma colher.

A entidade que carrega o mel e a vela acesa, no começo do ritual não deve oferecê-lo às entidades, deve dar um tempo suficiente para as mesmas comerem os outros ebós, para depois começar a oferecê-lo, pois após a entidade comer o mel ela não poderá comer mais nada, encerrando com o mel sua participação no ebó.

As entidades que estão servindo o ebó também devem comê-lo, participando junto do ebó.

Passado um tempo suficiente para que as entidades possam comer o ebó, ou seja, quando se notar que as entidades já pararam de comer, a entidade ou médium que está organizando o ritual pegará o alguidar que está no chão com os ossos, e fará sinal para que as entidades que carregam o ebó saiam retornando para o mesmo local (peça), onde estava o ebó pronto, em fila e na mesma ordem em que entraram no recinto.

Ao saírem, o tamboreiro muda o ponto cantado e a gira segue normalmente.

Chegando ao local (peça), entregam para alguém guardar o que sobrou do ebó e voltam para o salão dançando, agora sem qualquer ordem, cumprimentam-se entre si, as três que serviram o ebó, e está encerrado o ritual, seguindo a gira ou homenagem normalmente.

Esse ritual todo pode acontecer com um ou mais pontos cantados de saída de ebó.

E depende muito, é claro, da ordem dada pelo cacique, chefe do terreiro ou guia chefe, e do fundamento e raiz que o terreiro ou casa segue, podendo ser mudado, alterado ou acrescentado algo a mais nesse ritual, sem problema algum.

Estamos apenas ensinando um ritual básico, que é o mínimo que deve ser feito no decorrer da gira ou homenagem a uma ou mais entidades da linha de esquerda (quimbanda), que tenha havido corte para as mesmas.

Sugestão do ponto a ser cantado

Olha o ebó do exu, quem quer

Olha o ebó do exu, quem vai querer

Olha o ebó do exu, quem quer

Olha o ebó do exu, quem vai querer

Ebó, cadê o ebó pomba-gira o ebó

Ebó, cadê o ebó pomba-gira o ebó

Sugestão de como preparar o ebó

Corte as aves, se for o caso, em pedaços bem pequenos, se for ave crioula, que a carne é um pouco mais firme, depois de cortadas, de uma pré-cozida na panela de pressão por alguns minutos, somente para amolecer a carne, caso contrário, se for aves de aviário que a carne tende a ser macia, de uma pré-cozida na panela comum e separe numa bacia ou vasilha qualquer até o momento de serem usadas.

Numa outra panela grande coloque um <u>vidro</u> de óleo de dendê comestível (não o de plástico), de 250 ml, e refogue no óleo bastante temperos variados, ex.: alho picado, pimentão picado, cebolas picadas, pimentas a sua vontade e sal.

Após refogar bem os temperos, coloque os pedaços das carnes pré-cozidas para refogar junto aos temperos, deixando o refogado tempo suficiente para pegar o tempero nas carnes. Vá mexendo com uma colher de pau continuamente, e se possível não coloque água, porque não pode ficar aguado.

Um pouquinho antes de ficar pronto, ou seja, depois de ter pego o tempero nas carnes, coloque um prato cheio de temperos verdes picados a sua escolha, vá colocando aos poucos e mexendo continuamente, após colocar os temperos verdes, vá colocando e mexendo junto farinha de mandioca comum ou temperada até enxugar bem o refogado e virado farofa.

Apague o fogo e está pronto. Coloque no alguidar ou vasilha que será usada para servir o ebó. Caso sobre, reserve em outra vasilha para ser servido às pessoas no final da gira ou homenagem.

Obs.: Esse ritual de saída de ebó não pode ser feito no começo, antes do meio da gira ou homenagem, e sim do meio da cerimônia para frente.

Podem ser acrescentados no ritual de ebó, outros itens como ovos cozidos, bifes de fígado acebolados, pimentão cozido e recheados, almôndegas etc.

O ebó também pode ser servido por médiuns que não estejam incorporados, que também poderão comer o ebó, se for o caso.

A vela e o mel independente de ter ou não mais itens no ebó, serão sempre os últimos da ordem de entrada de ser servido e de saída do salão ou recinto, até mesmo porque depois das entidades comerem o mel, não poderão comer mais nada, encerrando sua participação no ebó com o mel.

A sobra da cachaça, óleo de dendê e mel podem ser usados normalmente no terreiro, e a vela vai para o assentamento acesa. Os ossos que saíram do ebó, podem ser enterrados ou despachados.

A sobra do ebó comestível (carnes preparadas) e outros, podem ser servidos no final da gira ou homenagem às pessoas.

Ritual de Cantar para as almas

Material necessário

- Uma vela branca comum;
- Um copo com água;
- Um alguidar ou vasilha média com mingau de maizena (amido de milho) e mel.

Modo de fazer

No dia da gira de esquerda (quimbanda), gira comum ou homenagem, num determinado momento pendendo já para o final da mesma, o cacique, o chefe do terreiro, guia chefe ou até mesmo um médium designado para tal fim, vai até o local onde se encontra todo o material devidamente arrumado, e com a ajuda de mais alguém, pega a vasilha que está com o mingau, o copo com água, a vela e fósforos ou isqueiro, e leva tudo para o meio do salão ou local onde está acontecendo a gira ou homenagem.

Ao entrar no recinto com os materiais na mão, faz sinal para o tamboreiro parar o tambor temporariamente. Seguindo em frente, peça em voz alta agô (licença), para as entidades presentes (exus e pombas-gira), e peça para que elas larguem seus copos e cigarros e se afastem um pouco, livrando o meio do salão ou local que está acontecendo a gira ou homenagem, e coloque a vasilha com o mingau no meio do recinto no chão (piso), ao lado o copo com água e a vela acesa.

Após arriar tudo no chão, faça sinal para que o tamboreiro comece a cantar para as Almas e todas as entidades presentes, exus e pombas-gira deverão dançar ao redor do alguidar, copo e vela, sem chapéu na cabeça, copo ou cigarro nas mãos, todos de frente para a vasilha e dançando no sentido ante horário.

Um só ponto cantado é o suficiente, o que não impede de ser mais de um.

Após dançarem um pouco ao redor, e antes do termino do ponto cantado, o cacique, o chefe do terreiro, guia chefe, um médium ou uma entidade qualquer designada para tal fim, e com a ajuda de mais alguém, pega a vasilha com o mingau, copo e a vela e despacha na encruzilhada, rua, ou até mesmo na rua em frente o terreiro ou casa de religião, ou se preferir no fundo do pátio.

A vela pode ser despachada junto ou se preferir pode ser colocada acesa no seu assentamento de esquerda (quimbanda), somente a vela e acesa.

Feito isso e ao retorno de quem foi despachar os mesmos, termina-se de cantar o ponto escolhido para tal fim, e segue a gira ou homenagem normalmente.

Obs.: O mingau também pode ser substituído por três fatias de pão ou também pelo ebó, caso tenha avido sacrifício de aves (nesse caso três pedaços é o suficiente).

Sugestão do ponto a ser cantado

Alma santa, alma santa
Eu te procurei
Alma santa, alma bendita
Eu te encontrei

Alma santa, alma santa
Eu te procurei
Alma santa, alma bendita
Eu te encontrei

Eu andava perambulando
sem ter nada o que comer
Vou pedir as santas almas
que venham me socorrer

Foi as almas que me ajudou
Foi as almas que me ajudou
Foi as almas que me ajudou
E viva deus nosso senhor.

Obs.: Esse ritual de cantar para as almas, não pode ser feito no começo, antes do meio da gira ou homenagem, e sim do meio da cerimônia para frente.

Ritual para despachar o Padê

Esse ritual é um pouco diferente dos outros e significa o seguinte:

No dia que for haver trabalhos, uma gira ou homenagem qualquer a uma determinada entidade, seja ela de Umbanda ou da Linha de Esquerda (quimbanda), preparasse uma pequena oferenda que servirá para despachar os Exus e Pombas-Gira, antes de iniciar os trabalhos de Umbanda ou da linha de esquerda. É muito usado para firmar o terreiro ou casa, evitando que certos espíritos malignos se aproximem ou atrapalhem o andar dos trabalhos.

É despachado nas encruzilhadas afastadas de residências, sem intenções ofensivas. Pode-se também despachar do lado de fora do portão, na rua em frente ao terreiro.

Existem vários tipos de padês de Exu e Pomba-Gira, alguns bem simples e outros bem fartos. Mais nem por isso, os exus deixarão de atender uma pessoa porque seu padê era simples. O que vale não é a quantidade de itens num padê e sim a qualidade dos itens no padê, no sentido de condensar, repulsar, atrair e dispersar energias, correntes positivas e negativas.

Vou ensinar dois tipos de padês, um de Exu e um de Pomba-Gira, com imantadores e condensadores diferentes, que é bem simples de se fazer e de muita eficácia em todos os sentidos. Mais preste atenção na hora de fazer, porque parecem iguais, mas não são.

Padê para Exu
Material necessário

- 500 g de farinha de mandioca;
- Um vidro pequeno de óleo de dendê;
- 7 Pimentas dedo de moça;
- Pimenta em pó;
- 2 Cebolas;
- Um pimentão vermelho pequeno;
- 1 Cachaça, pode ser de uso;
- Um alguidar médio;
- Folhas de mamona ou papel de seda na cor do Exu.

Modo de fazer

Numa bacia ou vasilha qualquer, vire a farinha de mandioca.

Pique bem picado uma cebola e o pimentão e coloque junto, na farinha. Coloque uma pitada forte de pimenta em pó e misture tudo com as mãos, acrescentando o óleo de dendê e cachaça.

Vá colocando o óleo de dendê e misturando o suficiente para ficar amarelinho e soltinho, faça o mesmo com a cachaça, o suficiente para umedecer o padê. Tem que ficar que nem uma farofa amarelinha, molhadinha e soltinha.

Forre o alguidar com as folhas do mamoneiro ou com o papel de seda, e coloque o padê dentro.

Em cima de tudo, enfeitando o alguidar, coloque rodelas da outra cebola e as pimentas dedo de moça, deitadas com as pontas grossas apontando para o centro do alguidar, intercalando cebolas e pimentas.

Feito isso, coloque o padê no assentamento de esquerda juntamente com uma vela acesa, bata sineta, faça os pedidos e deixe lá até a hora de iniciar a gira ou homenagem, ou seja, até a hora de ser despachado.

Na hora de começar a cerimônia, seja ela de umbanda ou linha de esquerda (quimbanda), o cacique, o chefe do terreiro ou até mesmo um médium designado para tal fim vai até o assentamento, pede agô (licença), às Entidades ali assentadas, pede boas energias, bons fluidos, segurança e firmeza para os trabalhos, e que nada de ruim possa penetrar o recinto.

Após, pega o alguidar ou vasilha com o padê e despacha numa encruzilhada mais próxima ou até mesmo no lado de fora do portão, na rua enfrente o terreiro ou casa de religião.

Na hora de despachar o padê, segure o alguidar com uma mão inclinando-o para baixo e com a outra puxe rápido as folhas ou papel de seda, os dois movimentos juntos para que o padê caia mais ou menos em cima das folhas ou papel de seda como estava no alguidar.

Não precisa ficar perfeito, se quiser dar uma ajeitada com as mãos depois de virar não tem problema, e o alguidar retorna para ser usado novamente.

Faça tudo isso com bons pensamentos, sempre pedindo tudo de bom.

Após o retorno da pessoa que foi despachar o padê, já podem começar os trabalhos.

Se durante esse ritual, de despachar o padê, os que ficarem esperando no recinto quiserem cantar um ponto, não tem problema algum. Podem cantar o ponto que quiserem, mas o mais correto é cantar o ponto de esquerda da casa, ou seja, das entidades que estão ali assentadas.

Sugestão do ponto a ser cantado

duas vezes { *Seu destranca rua*
Me abre a porta
E me destranca a rua }

É no meio do cruzeiro
Que o destranca rua mora
É no meio do cruzeiro
Que o destranca rua mora

Obs.: Esse ritual de saída do padê deve ser feito sempre antes de começar a gira ou homenagem de umbanda ou da linha de esquerda (quimbanda).

A vasilha que se usou para o padê, após despachar o mesmo, retorna e após ser lavada pode ser usada normalmente.

O correto é fazer os dois padês, de exu e pomba-gira, podendo ser separados ou juntos na mesma vasilha, metade em cada lado da vasilha. Se você não conseguir pimentão vermelho, pode ser o verde sem problema algum.

No caso de fazer em vasilhas separadas, pode ir mais de uma pessoa despachar os mesmos.

Se for feito padê para exu e pomba-gira o certo é cantar para os dois, um pouco para cada um, enquanto se despacha o padê.

Padê para Pomba-Gira
Material necessário

- 500 g de farinha de milho;
- Um vidro pequeno de mel;
- 7 Pimentas dedo de moça;
- Pimenta em pó;
- 4 ovos cozidos;
- Um pimentão vermelho pequeno;
- 1 Champanhe, pode ser de uso;
- Um alguidar médio;
- Folhas de mamona ou papel de seda na cor da Pomba-Gira.

Modo de fazer

Numa bacia ou vasilha qualquer, vire a farinha de milho.

Pique bem picado dois ovos e o pimentão e coloque junto na farinha.

Coloque uma pitada forte de pimenta em pó e misture tudo com as mãos acrescentando mel e champanhe aos poucos enquanto você vai misturando.

Coloque mel o suficiente para ficar doce e soltinha, e champanhe o suficiente para umedecer o padê, pois tem que ficar uma farofa, molhadinha e soltinha.

Forre o alguidar com as folhas de mamoneiro ou com o papel de seda, e coloque o padê dentro.

Em cima de tudo, enfeitando o alguidar coloque as rodelas dos dois ovos e as pimentas dedo de moça deitadas com as pontas grossas apontando para o centro do alguidar, intercalando rodelas de ovos e pimentas.

Feito isso, coloque o padê no assentamento de esquerda juntamente com uma vela acesa, bata sineta, faça os pedidos e deixe lá até a hora de iniciar a gira ou homenagem, ou seja, até a hora de ser despachado.

Na hora de começar a cerimônia, seja ela de umbanda ou linha de esquerda (quimbanda), o cacique, o chefe do terreiro ou até mesmo um médium designado para tal fim, vai até o assentamento, pede agô (licença) às Entidades ali assentadas, pede boas energias, bons fluidos, segurança e firmeza para os trabalhos, e que nada de ruim possa penetrar o recinto.

Após, pega o alguidar ou vasilha com o padê e despacha numa encruzilhada mais próxima, ou até mesmo no lado de fora do portão, na rua em frente o terreiro ou casa de religião.

Na hora de despachar o padê, segure o alguidar com uma mão, inclinando-o para baixo e com a outra puxe rápido as folhas ou papel de seda, os dois movimentos juntos para que o padê caia mais ou menos em cima das folhas ou papel de seda como estava no alguidar.

Não precisa ficar perfeito, se quiser dar uma ajeitada com as mãos depois de virar, não tem problema e o alguidar retorna para ser usado novamente.

Faça tudo isso com bons pensamentos sempre pedindo tudo de bom.

Após o retorno da pessoa que foi despachar o padê, já podem começar os trabalhos.

Se durante esse ritual de despachar o padê, os que ficarem esperando no recinto quiserem cantar um ponto, não tem problema algum.

Podem cantar o ponto que quiserem, mas o mais correto é cantar o ponto de esquerda da casa, ou seja, das entidades que estão ali assentadas.

Sugestão do ponto a ser cantado

Eu vi um clarão no céu,
eu vi um clarão na Lua,
eu vi um casal na esquina:
era Pomba-Gira e o Destranca-Rua

Eu vi um clarão no céu,
eu vi um clarão na Lua,
eu vi um casal na esquina:
era Pomba-Gira e o Destranca-Rua

Obs.: Esse ritual de saída do padê, deve ser feito sempre antes de começar a gira ou homenagem de umbanda ou da linha de esquerda (quimbanda).

A vasilha que se usou para o padê, após despachar o mesmo, retorna e após ser lavada pode ser usada normalmente.

O correto é fazer os dois padês, de pomba-gira e exu podendo ser separados ou juntos na mesma vasilha, metade em cada lado da vasilha. Se você não conseguir pimentão vermelho, pode ser o verde sem problema algum.

No caso de fazer em vasilhas separadas pode ir mais de uma pessoa despachar os mesmos.

Se for feito padê para pomba gira e Exu o certo é cantar para os dois um pouco para cada um, ou um ponto que fale nos dois enquanto se despacha o padê.

Batismo na Umbanda

O batismo é o primeiro e o mais importante ritual dentro da Umbanda. Pois com ele, a criança estará ligada a religião, além, é claro, de estar protegida até os finais de seus dias pelos Orixás, guias e protetores de umbanda.

Pode também, a partir do batismo, participar dos trabalhos realizados no centro, se assim desejar e se tiver idade suficiente para isso. Deve no futuro (se for o caso), fazer seu cruzamento e, quem sabe, até tornar-se um bom médium de Umbanda.

Qualquer criança pode ser batizada na Umbanda, independente de frequentar o terreiro ou não, de cor, raça, religião, situação financeira ou até mesmo de idade, bastando para isso, apenas entrar em contato com o chefe do terreiro, para acertar mês, dia e hora do batizado, material a ser usado e convidar o casal de padrinhos, que podem ser material ou espiritual (duas pessoas, duas entidades ou uma pessoa e uma entidade). Também podem ser médiuns, iniciantes ou totalmente leigos no assunto, bastando apenas serem honestos e responsáveis. Desse dia em diante, serão os segundos pais da criança que estão batizando.

Se os padrinhos escolhidos forem espirituais, os médiuns dessas entidades são também considerados padrinhos, tendo os mesmos compromissos com essa criança, quanto às suas entidades. E se os padrinhos escolhidos forem material, o mesmo acontece com suas entidades (se for o caso).

Eu aconselho que a criança seja batizada até quatorze anos, após os quatorze ela já é considerada adulta, devendo então ser feito um cruzamento direto.

Os dias mais aconselhados para o ritual de batismo são, dia de Cosme e Damião, dia das crianças, dia de Oxum, Iemanjá e Oxalá, o que não impede de ser feito em outra data qualquer.

O batizado será realizado pelo babalorixá, cacique ou chefe do terreiro, que pode incorporar ou não sua entidade para realizá-lo. Pode batizar uma ou mais crianças ao mesmo tempo.

Material necessário

- Uma vasilha pequena de louça ou esmaltada branca (dentro coloque a metade de água, algumas gotas de azeite doce e algumas pitadas de sal);
- Uma vela de batismo branca;
- Três ramos verdes pequenos – de preferência alecrim;
- Uma vasilha pequena com pó de pemba branca;
- Uma lata de banha de Orí.

Ponto de Batismo

João Batista batizou
Jesus Cristo no Jordão
Hoje é(são) esse(s) filho(a)(s)
Que recebe esta benção.

Modo de fazer

1. 1. Abra os trabalhos saudando e chamando algumas Entidades para dar um melhor reforço espiritual durante o ritual de batizado (pode também ser feito sem a presença de Entidades).

2. Reúna de frente para o congá os padrinhos, os pais e a criança(s) a ser batizada.

3. Nenhum dos participantes pode estar vestindo roupa de cor preta.

4. A criança, se for pequena ficará no colo da madrinha, se for grande ficará de pé, no meio, entre a madrinha e o padrinho.

5. O padrinho ficará ao lado da madrinha segurando a vela acesa.

6. A mãe ficará ao lado do padrinho, segurando a vasilha com água, azeite e sal e junto os ramos verdes.

7. O pai ficará ao lado da madrinha segurando a vasilha com pó de pemba branca e a banha de Orí.

8. No caso de a criança ser grande e ficar em pé, a madrinha segurará a vasilha com água e a mãe segurará os ramos, o resto segue igual.

9. Se forem mais de uma criança a ser batizada, esta ordem será desconsiderada, colocando todas as crianças na frente e os padrinhos atrás, com suas velas acesas (uma para cada criança). E alguns pais segurarão a vasilha com água, pó de pemba, ramos verdes, banha de Orí, que serão usadas as mesmas para todas as crianças.

10. Depois de tudo organizado, a pessoa ou a entidade que for realizar o ritual, dirá algumas palavras referentes ao significado do batismo e das responsabilidades assumidas pelos padrinhos perante os presentes.

11. Nesse momento, todos deverão cantar o ponto de batismo citado acima, que deverá ser cantado durante o ritual. A pessoa ou entidade, dará início ao ritual na seguinte ordem.

12. Pegue a vasilha com pó de pemba, molhe o dedo no pó e desenhe com o dedo dois triângulos entrelaçados (formando uma estrela de seis pontas, símbolo de Umbanda) na testa da(s) criança(s). Esse desenho é simbólico e não precisa ficar perfeito.

13. Repita três vezes esse processo, desenhando sempre no mesmo lugar da testa e recitando para cada vez que desenhar as seguintes palavras.

14. Fulano (diga o nome da criança), eu te batizo em nome de Olorum, Oxalá e do Espírito Santo de Umbanda.

15. Pegue a banha de Orí e repita tudo igual, desenhando com o dedo três vezes a mesma estrela sobre a pemba e recitando as mesmas palavras.

16. Pegue um dos ramos verdes, molhe na vasilha com água e passe três vezes na testa da criança(s) em forma de cruz, no mesmo local onde foi feita a estrela, recitando as mesmas palavras.

17. Fulano (diga o nome da criança), eu te batizo em nome de Olorum, Oxalá e do Espírito Santo de Umbanda.

18. Repita tudo igual com os outros dois ramos, sendo um de cada vez.

19. Feito isso, pegue da mão do padrinho, a vela de batismo referente à criança(s) que está sendo batizada e coloque acima de sua cabeça (cuidado para não pingar sebo de vela na criança), e diga as seguintes palavras.

20. Fulano (diga o nome da criança), eu te batizo em nome da Santíssima Trindade de Umbanda, para que tenha saúde, sorte e felicidade, durante toda a sua vida terrena. Devolva a vela ao padrinho para que o mesmo a apague com os dedos (sem soprá-la).

21. A partir de agora, todos podem se cumprimentar. Pai, Mãe, Padrinho, Madrinha, Entidades e Pessoas presentes.

22. Terminado os cumprimentos, está encerrado o ritual de batismo. Podendo também, encerrar os trabalhos, ou se preferir continuar a gira sem problema algum, principalmente se for dia de festa.

Obs.: Este é um ritual básico de Batismo na Umbanda, podendo o mesmo ser mudado ou alterado com alguma ordem, palavra ou material usado, principalmente de um estado para outro, desde que não mude o sentido e fundamento do mesmo.

A partir do dia do batizado, os pais devem ensinar a criança a pedir a benção cada vez que encontrarem seus padrinhos.

O pó de pemba pode ser substituído por uma pemba inteira, desde que a mesma não seja muito dura, para não machucar a criança na hora de riscar a estrela, isso caso a criança seja muito novinha (recém-nascida).

A sobra da água e o pó de pemba devem ser despachados num verde, a pemba se for inteira e a banha de Orí pode ser usada novamente e os ramos verdes, você pode deixar no congá até secarem e se perderem naturalmente, ou se preferir despache junto num verde.

A vela de batismo deve ser dada aos pais, que poderão acender e deixar queimar um pouco sempre que a criança tiver algum tipo de problema.

Cruzamento de Médiuns na Umbanda

O cruzamento com ervas, é um ritual importantíssimo para a pessoa que quiser fazer parte do corpo mediúnico de um terreiro de Umbanda, independente de incorporar ou não uma Entidade. Isso pode ser feito para a saúde e proteção de uma determinada pessoa, que não precisa criar qualquer vínculo na casa onde foi feito o cruzamento.

Cruzar a cabeça de um médium na Umbanda, significa consagrar e imantar, para que o médium, desse dia em diante, tenha mais proteção, tanto da sua Entidade como das demais. Junto com o seu cruzamento, o médium deve cruzar também uma guia referente à sua Entidade. Caso o médium for novo e ainda estiver em fase de desenvolvimento, pode cruzar uma guia de sete linhas (sete cores) ou uma guia de Oxalá (branca), ficando a critério do seu Babalorixá, cacique ou chefe do terreiro que estiver realizando o ritual.

Pode também (não obrigatoriamente), cruzar junto uma imagem ou quadro da sua Entidade, caso já saiba qual é. O cruzamento com ervas na cabeça do médium deve ser reforçado, ou seja, repetido de ano a ano, sob pena de perder a imantação, ficando esse e todos os cruzamentos que já foram feitos anteriormente, sem efeito algum e sem valor para o médium e sua Entidade. O mesmo é valido para os cruzamentos que foram feitos somente para a saúde de uma pessoa.

Na hora do cruzamento o médium deve usar roupas bem claras, de preferência brancas. O médium que fizer um cruzamento deve se cuidar durante os próximos três dias consecutivos, evitando incorporar a sua Entidade de Umbanda (salvo na hora do cruzamento), ou da linha de esquerda, ter relações sexuais, ir a velórios, ir a enterros, discutir com alguém, ingerir bebidas alcoólicas, visitar doentes em casa ou hospitais, não pegar sol ou sereno na cabeça e não passar em encruzilhada à meia-noite e ao meio-dia.

Diferente do batizado, o médium que for fazer o cruzamento deve escolher um padrinho ou uma madrinha, somente um material (uma pessoa) ou espiritual (uma Entidade), para apadrinhar o seu cruzamento, atando o pano de cabeça no médium na hora do cruzamento e em seus futuros reforços.

Para isso, o padrinho ou madrinha escolhido, já devem ter os mesmos cruzamentos, caso contrário não podem apadrinhar o médium. E pode o mesmo ser uma pessoa que faz parte do corpo mediúnico do próprio terreiro, ou de outro terreiro sem problema algum, desde que o mesmo esteja qualificado para tal fim.

O padrinho ou madrinha escolhido, seja material ou espiritual, também como no batizado, terá obrigação com o seu afilhado, de ensinar-lhe sobre a religião doutrinando e aconselhando, sempre que necessário. E o afilhado terá a obrigação de respeitá-lo e ouvi-lo sempre que o mesmo lhe chamar a atenção sobre qualquer aspecto da sua vida.

Deve o afilhado, sempre que encontrar o padrinho ou a madrinha, pedir a benção em sinal de respeito. O mesmo deve acontecer com a pessoa que realizou o cruzamento, que agora passa a ser seu Babalorixá, cacique ou chefe de terreiro.

O cruzamento de um ou mais médiuns, deve ser feito em um dia restrito somente ao corpo mediúnico da casa, sem visitas ou assistências (com exceção do padrinho, se for de outra casa), até mesmo porque a feitura de cada médium em cada casa se trata de um ritual de raiz íntima.

O Babalorixá, Cacique ou Chefe do Terreiro que for realizar o ritual de cruzamento no médium, poderá incorporar ou não sua Entidade para realizá-lo, o mesmo serve para o padrinho ou madrinha.

Fica também a critério do Babalorixá, Cacique ou Chefe do Terreiro, realizar o cruzamento em silêncio ou com uma gira simples, somente para concluir o ritual. Após o término do cruzamento, feito em silêncio ou com uma gira, o médium que recebeu o cruzamento deve permanecer no local em frente ao congá por um tempo de três a sete horas, ficando a critério da pessoa ou Entidade que realizou o ritual. Os demais que participaram do ritual estão liberados para ir para casa.

O Mieró (Amací), para o cruzamento do médium deve ser feito com algumas ervas pertencentes à Umbanda (7, 14, 21, 28) tipos diferentes de ervas.

E se a pessoa ou Entidade que for realizar o ritual preferir, pode usar somente ervas direcionadas a Entidade do médium.

Antes de sair de casa para ir ao terreiro fazer seu cruzamento, o médium deve tomar seu banho higiênico, e após, tomar um banho de descarga, chegando ao local do cruzamento com seu corpo material e espiritual limpo, para que sua imantação e consagração como médium de Umbanda saia com a maior força e energia possível.

Alguns tipos de ervas

Alevante, Guiné todos os tipos, Arruda todos os tipos, Malva-Cheirosa, Alecrim, Funcho, Cidreira, Cidró, Pitangueira, Manjericão, Dinheirinho, Dólar, Fortuna, Rosas e Cravos todos os tipos, Orô, Espada de São Jorge, Espada de Santa Bárbara, Lança de São Jorge, Copo de Leite, Girassol, Hortelã, Trevo, Melissa, Laranjeira, Tapete de Oxalá, Quebra-Inveja, Eucaliptos, Anis, eucalipto, etc.

Mieró (Amací)

Material necessário

- As ervas escolhidas (7, 14, 21...);
- Uma bacia ou balde para ralar as ervas;
- Dois litros de água pura quente (chiada);
- Um pedaço de pedra áspera para ralar as ervas;
- Um pedaço de pano branco ou uma tela fina para ralar as ervas;
- Uma vasilha para usar na hora de coar as ervas;
- Perfume;
- Mel;
- Um copo de guaraná;
- Um copo de vinho tinto suave;
- Um copo de cerveja preta.

Modo de fazer

A feitura do Mieró (Amací), para o cruzamento de um médium deve ser feita na seguinte ordem:

No dia do cruzamento, pela manhã, coloque as ervas escolhidas dentro de um balde ou bacia, despeje em cima das ervas mais ou menos dois litros de água quente (chiada), nunca use água fervendo, pois pode anular os elementos químicos das ervas.

Use água pura (mineral sem gás, chuva, rio ou poço artesiano), e deixe em fusão e espere esfriar um pouco para poder manusear as ervas.

Após, macere (ralar) as ervas com as mãos, depois macere usando uma pedra áspera para tirar melhor aproveitamento das ervas. Se preferir, use água fria em vez de água quente. Feito tudo isso, espere mais ou menos 1 hora e coe o líquido com um pedaço de pano branco ou uma tela fina, passando para outra vasilha e separando os resíduos das ervas raladas despachando-os no pátio.

Seguindo em frente, coloque o líquido (Mieró) dentro da vasilha anterior, acrescente algumas gotas de perfume e algumas colheres de mel dissolvido, e está pronto o Mieró (se forem vários cruzamentos, pode acrescentar um pouco mais de água pura).

Alguns respeitados Babalorixás, Caciques e Chefes de Terreiros costumam misturar também um copo de guaraná, um copo de vinho tinto suave e um copo de cerveja preta no Mieró (Amací) de cruzamento de médiuns. Fica a seu critério colocar ou não esses itens.

Coloque essa vasilha com o Mieró pronto na frente do congá, acenda uma vela branca, pegue a sineta e faça uma chamada aos Orixás, Guias e Protetores de Umbanda pedindo que energizem esse Mieró (Amací), para que traga paz, saúde, felicidade, prosperidade, clareza, encaminhamento e bons fluidos para as pessoas que forem usar.

Obs.: Quanto maior o número de ervas escolhidas, mais potente ficará o Mieró (Amací). Se forem mais de um cruzamento, esse Mieró ensinado anteriormente serve para todos os médiuns e para todos os tipos de cruzamentos de Umbanda, porém, a cada cruzamento, o Mieró da bacia ou alguidar usado na cabeça desse médium, deve ser despachado no pátio e trocado por outro novo.

E se as ervas escolhidas forem direcionadas a uma determinada entidade, esse Mieró só pode ser usado pela pessoa pertencente a esta Entidade.

Cruzamento do Médium

Material necessário

- Pemba branca;
- Banha de Orí;
- Mel;
- Uma vela branca de batismo para cada médium a ser cruzado;
- Um pano de cabeça branco para cada médium a ser cruzado;
- Uma guia referente à Entidade do médium, sete linhas ou toda branca;
- A imagem ou quadro da entidade do médium (não obrigatoriamente);
- Uma vasilha de bom tamanho (bacia branca ou alguidar) que será usada para cruzar o médium (lavar a cabeça).

Ponto de Cruzamento

Cruza recruza
Esse filho de Umbanda
Cruza recruza
Esse filho de Pemba

Cruza recruza
Na Linha de Umbanda
Cruza recruza
Na Linha de Pemba.

Modo de fazer

O Babalorixá, Cacique ou Chefe do Terreiro, dará abertura aos trabalhos saudando os Orixás, guias e protetores de Umbanda, pedindo tudo de bom para o médium que irá receber o cruzamento. Se o ritual for feito com uma gira, a mesma chamará as Entidades, cantando um ponto de chamada geral.

Após a chegada das Entidades, comece a cantar o ponto de cruzamento citado acima, que deve ser cantado durante o processo de cruzamento.

Se o ritual for feito em silêncio, cante o ponto de cruzamento que deve ser cantado durante todo o ritual, ao final.

Coloque o médium em pé, de frente ao congá, ao lado o padrinho ou madrinha (pessoa ou entidade), com a vela de batismo acesa na mão e faça a abertura dos chacras do médium da seguinte forma:

1. Mande o médium se ajoelhar de frente para o congá e com a pemba desenhe simbolicamente dois triângulos entrelaçados, formando uma estrela de seis pontas (símbolo de Umbanda), na Sola dos Pés do Médium.

2. Feito isso, mande o médium se levantar e desenhe simbolicamente dois triângulos entrelaçados, formando uma estrela de seis pontas nos seguintes pontos: Peitos dos Pés, Palmas das Mãos, Costas das Mãos, Pescoço (frente), nuca, frontes e no meio da cabeça do médium.

3. Repita tudo igual na ordem os itens 1 e 2, trocando a pemba pela banha de Orí, usando o dedo engraxado na banha para fazer o desenho nos mesmos locais citados (um desenho sobre o outro).

4. Repita tudo na ordem dos itens 1 e 2, agora usando o mel e o dedo para fazer o desenho nos mesmos locais citados (um sobre o outro). Ficando assim: O desenho com a pemba, por cima o desenho com a banha de Orí e por cima dos dois, o desenho com o mel em todos os pontos citados (solas dos pés, peitos dos pés, palmas das mãos, costas das mãos, pescoço, nuca, frontes e no meio da cabeça). Assim estão abertos os chacras do Médium para receber o cruzamento com o Mieró (Amací).

5. Pegue a vasilha com o Mieró (Amací), que já deve estar pronto na frente do congá e coloque um pouco na vasilha (bacia ou alguidar) que será usada no cruzamento.

6. Coloque a bacia no assoalho (chão), em frente o congá e dentro coloque a guia do Médium.

7. Ajoelhe o médium de frente para a bacia e o congá, abaixe sua cabeça em direção à bacia e usando uma das mãos comece o cruzamento lavando suavemente com o Mieró, o meio da cabeça do Médium.

8. Após lavar varias vezes o meio da cabeça, com a mão molhada no Mieró, lave também todos os pontos que estão marcados com pemba, banha de Orí e mel (frontes, pescoço, nuca, palmas das mãos, costas das mãos, peito dos pés, solas dos pés), uma vez só sem o médium levantar.

9. Terminada a lavagem de todos os pontos, pegue das mãos da pessoa ou Entidade que está apadrinhando o cruzamento, a vela para que ela possa atar o pano de cabeça no médium ou Entidade, caso o médium tenha incorporado.

10. Após este ato, com a vela cruze o corpo do médium em forma de cruz (como se fosse fazer o sinal da cruz), na frente e nas costas, pedindo tudo de bom, principalmente que seu corpo seja fechado dessa hora em diante contra tudo e

contra todos que lhe querem ou possam desejar-lhe o mal. Devolva a vela ao padrinho ou madrinha para que faça o mesmo, e coloque a vela em frente ao congá para que fique queimando até o final.

11. Mande o médium bater a cabeça no congá, depois para você pedindo a benção e beijando suas mãos e depois ao padrinho ou madrinha, pedindo a benção e beijando suas mãos.

12. Se o médium tiver algum quadro ou imagem da sua Entidade ou de uma Entidade qualquer para cruzar, lave-o no Mieró e deixe-o secar na frente do congá naturalmente, pegue a guia do médium de dentro da bacia ou alguidar e coloque dentro de outra vasilha pequena com um pouco do mesmo Mieró e deixe na frente do congá. Mande alguém despachar a bacia ou alguidar com o restante do Mieró no pátio. E se tiver outros médiuns repita tudo igual.

13. Feito isso, mande parar de cantar o ponto de cruzamento e está encerrado o ritual de cruzamento.

14. Os presentes podem dar os parabéns ao médium ou sua Entidade se estiver no mundo, ao padrinho ou madrinha, ou sua Entidade se estiver no mundo.

15. Terminado os cumprimentos, se o ritual foi feito com uma gira, as Entidades devem se despedir e ir embora.

Está tudo encerrado, o mesmo serve se o ritual foi feito em silêncio.

Nota importante: A partir do item sete, citado acima, ou seja, no momento em que começar a lavar a cabeça do médium, se o mesmo incorpora sua Entidade, ela poderá incorporá-lo (não obrigatoriamente), sem alterar o andamento do ritual. Devendo a mesma continuar na mesma posição e obedecer a ordem e sequência do andamento, até o término do cruzamento. Se o ritual foi feito em silêncio ou com uma gira, após o término dos mesmos, o médium deve permanecer na frente do congá como sacrifício às Entidades, no mínimo três horas, sendo o correto sete horas a contar a partir do começo do ritual, ficando a critério do Babalorixá, Cacique ou Chefe do Terreiro que realizou o cruzamento, cumprir ou não essa ordem.

O médium pode ficar em pé, sentado ou deitado no chão, e o mesmo pode ter como forro no chão, um lençol branco ou uma esteira.

Após esse sacrifício, o Babalorixá, Cacique ou Chefe do Terreiro deve desatar o pano de cabeça do médium e o mesmo deve bater a cabeça no congá e depois para o Babalorixá pedindo a benção e beijando suas mãos.

E está liberado para ir para casa levando junto o pano de cabeça, que poderá lavá-lo e guardá-lo para o próximo cruzamento, devendo se cuidar nos próximos três dias, como citado anteriormente.

A guia do médium deve ser levantada e secada pelo Babalorixá, Cacique ou Chefe de Terreiro, três dias após o ritual, juntamente com a imagem ou quadro, se tiver despachando o Mieró da vasilha que estava a Guia no pátio. O Babalorixá, Cacique ou Chefe de Terreiro deve engraxar as mãos com a banha de Orí e passar as mãos na guia, na imagem ou quadro, caso tenha cruzado algum para imantá-los.

O médium se preferir pode levar somente a guia, deixando o quadro ou a imagem no congá onde foi feito o ritual.

Este é um ritual básico para o cruzamento de um médium de Umbanda, podendo o mesmo ser mudado ou alterado alguma ordem, palavras ou material usado, desde que não mude o sentido e fundamento do mesmo.

Cruzamento de Guias na Umbanda

Este cruzamento de Umbanda serve para você cruzar, independente da pessoa e do dia do cruzamento, alguns utensílios que ela pode usar ou carregar junto como segurança e proteção.

Pode ser ela criança, adulto, médium, assistente ou cliente da casa. Estes utensílios podem ser uma corrente de aço, ouro, prata, uma guia, brincos, anel ou alianças etc.

E principalmente as ponteiras ou punhais que são usados como firmeza ou segurança no congá, e também os que serão usados nos assentamentos da Linha de Esquerda. Esses últimos, devem ser cruzados no assentamento da Linha de Esquerda como será explicado abaixo.

Ponto de Cruzamento

Cruza, recruza
Na Linha de Umbanda
Cruza, recruza
Na Linha de Pemba.

Material necessário

- Mieró (Amací) com ervas de Umbanda;
- Uma vasilha pequena que caiba a guia ou o item a ser cruzado;
- Banha de Orí;
- Uma vela de sete dias branca.

Modo de fazer

Coloque o Mieró dentro da vasilha e também o item a ser cruzado. Ponha essa vasilha na frente do congá, acenda a vela e faça uma chamada com a sineta aos Orixás, Guias e Protetores de Umbanda, pedindo tudo de bom para a pessoa dona do item a ser cruzado. Deixe na frente do congá de três a sete dias. Cuidado com materiais que não podem ficar de molho. Nesse caso, de um banho com o mieró todos os dias, e deixe ao lado da vasilha com o mieró para que seque naturalmente.

Passado esse tempo, retire o item de dentro da vasilha, deixe secar naturalmente ou seque com um pano branco, passe a banha do Orí nas mãos e passe-as no item para imantá-lo com a banha de Orí. E assim está pronto a ser entregue.

Obs.: O Mieró usado deve ser despachado no pátio. A duração desse cruzamento (imantação) no item é de um ano. Passado esse tempo, o cruzamento perde a validade ficando sem valor algum. Deve ser renovado ano a ano.

E sempre que estiver manuseando o item em cruzamento, seja com Mieró ou com a Banha de Orí, recite o ponto de cruzamento citado.

Se o cruzamento de algum desses itens for direcionado à linha de esquerda da Umbanda, ou seja, Exu e Pomba-Gira, o Mieró deve ser feito com ervas da linha de esquerda.

O mesmo deve ser feito no assentamento de Exu e Pomba-Gira (casa do Exu), ficando ali o mesmo tempo citado acima.

No ponto de cruzamento citado acima, deve ser trocada a palavra Umbanda pela palavra esquerda. A vela deve ser na cor do Exu e Pomba-Gira e o resto segue tudo igual.

Cruzamento de imagem na Umbanda

Este cruzamento de Umbanda serve para você cruzar, independente da pessoa e do dia do cruzamento, a imagem ou quadro da Entidade que a pessoa é devota. Pode ser criança, adulto, médium, assistente ou cliente da casa. As imagens podem ser de gesso, biscuit, resina, metal, vidro e madeira.

Após o cruzamento, leve para casa, coloque em um lugar adequado e ali faça seus pedidos de paz, saúde, felicidade e prosperidade.

Ponto de Cruzamento

Cruza, recruza
Na Linha de Umbanda
Cruza, recruza
Na Linha de Pemba.

Material necessário

- Mieró (Amací) com ervas de Umbanda;
- Uma vasilha grande (bacia ou alguidar), para colocar o Mieró;
- Uma vasilha grande para colocar a imagem ou quadro para secar, se preferir use um pano branco no chão e coloque a imagem ou quadro em cima;
- Banha de Orí;
- Uma vela de sete dias branca.

Modo de fazer

Coloque o Mieró dentro da vasilha escolhida, e essa vasilha com o Mieró na frente do congá. Ao lado, coloque a outra vasilha ou o pano branco estendido no chão, acenda a vela e faça uma chamada com a sineta aos Orixás, Guias e Protetores de Umbanda pedindo tudo de bom para essa pessoa dona da imagem ou quadro a ser cruzado.

Pegue a imagem ou quadro com uma das mãos e leve até em cima da vasilha. Com a outra mão, banhe suavemente a imagem ou quadro e deixe na frente do congá dentro da outra vasilha ou em cima do pano branco, se for o caso. Deixe na frente do congá de três a sete dias e diariamente pela manhã ou à tarde repita o banho na imagem ou quadro, deixando sempre dentro da outra vasilha ou em cima do pano branco para secar naturalmente.

Passado esse tempo e após ter secado dê a última lavada. Passe a banha do Orí nas mãos e passe as mãos no item que foi cruzado para imantá-lo com a banha e está pronto para ser entregue à pessoa que levará para casa.

Obs.: O Mieró usado deve ser despachado no pátio. A duração desse cruzamento (imantação) na imagem ou quadro é de um ano, passado esse tempo o cruzamento perde a validade e fica sem valor. Deve ser renovado ano a ano e sempre que estiver manuseando o item em cruzamento, seja com Mieró ou com a Banha de Orí, recite o ponto de cruzamento citado.

Se o cruzamento de algum desses itens for direcionado à linha de esquerda da Umbanda, ou seja, Exu e Pomba-Gira, o Mieró deve ser feito com ervas da linha de esquerda, e o mesmo deve ser feito no assentamento de Exu e Pomba-Gira (casa do Exu) ficando ali o mesmo tempo citado. No ponto de cruzamento citado acima, deve ser trocada a palavra Umbanda pela palavra esquerda e a vela deve ser na cor do Exu e Pomba-Gira; o resto segue igual.

Casamento na Umbanda

O casamento na Umbanda, assim como as outras cerimônias, também é muito lindo de fazer e assistir. É um ritual de muita energia durante a sua realização, principalmente se tiver a presença das entidades de Umbanda, que pode ser durante ou depois da sua realização, para abençoar os noivos.

É um ritual muito antigo que tem a finalidade de atrair as bênçãos dos Orixás, guias e protetores de Umbanda para os noivos e sua nova família a partir dessa união.

É uma das mais importantes cerimônias dentro da religião de Umbanda, por isso deve ser realizada em clima de muita festa e alegria.

A partir do término da cerimônia, os noivos estarão unidos numa só luz para que possa um cuidar do outro em todos os sentidos da vida, enfrentando juntos todas as dificuldades e felicidades que por ventura a vida venha a lhe oferecer, devem fazer o possível e impossível para que essa união seja duradoura, se amando e adorando cada vez mais um ao outro, até que a morte os separe.

Material necessário

- Muitas flores e folhas verdes;
- Um sexto pequeno enfeitado com ramos verdes para as alianças;
- Balões a critério;
- Uma taça com vinho;
- Uma taça com água;
- Uma fatia de pão;
- Um pires para colocar a fatia de pão;
- Uma travessa de inox ou prato branco;
- Duas velas de batismo;
- Uma coroa feita de ramos verdes e flores para a criança que for carregar as alianças;
- Duas coroas feitas de ramos verdes e flores para os noivos;
- Um buque para a noiva;
- Quatorze espadas de São Jorge ou Santa Barbara;
- Sete casais para segurarem as espadas;
- Livro ata do terreiro se possuir;
- Certificado para os noivos;
- Caneta para as assinaturas;
- Uma mensagem bem bonita sobre casamento;
- Uma mesa comum;
- Um pano de costa branco;

- Uma toalha branca para enfeitar a mesa que servira de altar;
- Uma fita larga branca 30 cm;
- Uma agulha comum desinfetada e enrolada num pano branco pequeno;
- Arroz para ser jogados nos noivos.

Modo de fazer

Decore o terreiro com muitas flores, folhas verdes e balões. Coloque a mesa comum que servirá de altar para a cerimônia em frente ao congá e enfeite a mesma com a toalha branca e algumas flores e ramos verdes.

Perto da hora da cerimônia coloque em cima da mesa, no meio da mesma, a travessa com os materiais que serão usados, (agulha, taças, fatia de pão, pemba), ao lado os certificados, caneta, velas, livro ata, pano de costa, fita larga branca, a mensagem escolhida para alguém ler antes da cerimônia, etc.

Da entrada do local até o altar onde será realizada a cerimônia faça um caminho de folhas verdes e pétalas de algumas flores, as folhas podem ser picadas para melhor distribuí-las no chão. Os noivos devem entrar por esse caminho.

Depois de tudo organizado e chegada a hora da cerimônia, todos devem se colocar nos seus devidos lugares para que entrem os noivos, que devem estar vestindo roupas brancas e a coroa na cabeça, a noiva com o buquê na mão, o mesmo vale para a criança que estiver carregando as alianças, e estarem de pés no chão, ou seja, descalços. A criança com as alianças na frente e os noivos atrás.

Todos os participantes da corrente, inclusive o Babalorixá ou cacique que ira realizar a cerimônia, devem vestir roupas brancas ou de santo.

Os padrinhos que geralmente são dois casais, um casal para o noivo e um para a noiva, devem ficar em frente ao altar aos lados nessa ordem: do lado que entra o noivo, ficam os padrinhos do noivo, do lado que entra a noiva, ficam os padrinhos da noiva, ambos com a vela acesa. Geralmente e o mais correto é a noiva entrar do lado esquerdo do noivo.

Os casais que irão segurar as espadas devem ficar os sete homens de um lado do caminho feito de folhas, ramos e pétalas de flor que dá destino ao altar, distribuído espaçadamente da entrada do recinto até próximo ao altar, não muito próximo para deixarem espaços para os padrinhos e para os noivos, o mesmo com as mulheres, ou seja, com seus respectivos pares na sua frente caso não sejam casados, para irem levantando as espadas cruzadas bem alto conforme vai entrando e se aproximando os noivos de cada casal que estão com as espadas na mão.

Não é para levantar as espadas todos juntos e sim um casal de cada vez, conforme vai se aproximando os noivos de cada casal que está segurando as espadas na mão.

Após os noivos chegarem ao altar, todos devem baixar as espadas, podendo ficar à vontade para assistir o casamento cada um com sua espada na mão, e ficando alerta para um pouquinho antes do final da cerimônia voltar para seus lugares na mesma posição que se encontravam quando saíram, e com as espadas abaixadas.

Tudo pronto e todos nos seus lugares, entram os noivos bem devagar com o hino de umbanda bem cantado e tocado se for o caso.

Chegando em frente ao altar a criança fica ao lado com as alianças e o Babalorixá ou Cacique coloca o pano de costa por cima dos ombros dos noivos e começa a cerimônia, pedindo à pessoa já escolhida previamente, que leia a mensagem escolhida sobre o casamento.

Após a mensagem o babalorixá ou cacique fala algumas palavras a seu critério, sobre o porquê de estarem reunidos nesse momento, amigos, convidados e irmãos de religião e que também está muito feliz por poder realizar a união do (fala o nome do noivo) e da (fala o nome da noiva).

Pede a todos os Orixás, Entidades, Guias e protetores de Umbanda que abençoe e proteja essa união, para que seja firme e forte capaz de romper qualquer barreira que possa aparecer durante toda a trajetória de suas vidas juntos.

Pode falar algo a mais e a seu critério, e seguindo em frente o babalorixá ou cacique pega a taça com vinho e da para o noivo, para que o mesmo leve até a boca da noiva para ela tomar um gole. Após, o noivo da a taça para a noiva, para que ela faça o mesmo com ele.

Após, o babalorixá ou cacique pega a taça de vinho e troca pelo pires com a fatia de pão, segurando o mesmo na mão, para que o noivo tire com as suas mãos um pedaço pequeno de pão e coloque na boca da noiva. Feito isso, a noiva repete o mesmo ritual com o noivo.

Após, o babalorixá ou cacique troca o pires pela taça com água, e da para o noivo repetir o mesmo ritual que foi feito com a taça de vinho, e logo após dando para a noiva, para que faça o mesmo com ele.

Veja bem, isso tudo deve ser feito bem devagar, e durante o ritual do vinho, do pão e da água o babalorixá ou cacique deve falar algo a respeito do significado desses itens, (vinho, pão e água). Podendo também, ser no final da realização dos três rituais.

Próximo passo, o babalorixá ou cacique pede para a criança se aproximar mais, e pede para que o noivo pegue a aliança do sexto que está com a criança e coloque no dedo da noiva dizendo essas palavras ou outras já combinadas previamente (fulana, dizer o nome da noiva; receba essa aliança em sinal do meu amor e da minha fidelidade). A noiva deve seguir o mesmo ritual, pegando a aliança e colocando no dedo do noivo, dizendo essas palavras ou outras já combinadas previamente (fulano, dizer o nome do noivo; receba essa aliança em sinal do meu amor e da minha fidelidade).

O babalorixá ou cacique fala que, com o poder que lhe foi dado de babalorixá ou cacique de Umbanda os declara marido e mulher. Manda o noivo beijar a noiva, e após os noivos e os padrinhos assinam o certificado e o livro ata e voltam para seus lugares.

Próximo e último passo, o babalorixá ou cacique pega a agulha que está enrolada num pano branco somente com a ponta de fora, manda que os noivos entrelacem os braços dando as mãos de modo que os dedos, polegares fiquem um de frente para o outro.

O babalorixá ou cacique com a agulha na mão, firme e rápido crava a agulha no polegar de cada um somente o suficiente para sair uma gota de sangue. Cola um dedo no outro misturando o sangue e enrola os dois dedos juntos com a fita branca.

Com esse último ritual, o babalorixá ou cacique encerra a cerimônia, pedindo que todos levantem as mãos com as palmas viradas para os noivos para que possam todos juntos abençoar a união, e diz mais algumas palavras em relação ao casamento dos noivos e esta encerrada a cerimônia.

Nessa hora todos os casais com as espadas tomam seus lugares, agora todos com as espadas levantadas para cima (posição que estavam com a chegada dos noivos ao altar).

Manda cantar o hino da Umbanda, os noivos se viram e começa a saída (dessa vês ao contrário da entrada, todas as espadas estão levantadas), assim que os noivos forem passando por cada casal com as espadas levantadas, o casal vai baixando as mesmas, isso até o último casal.

No final da saída os noivos se desatam os dedos, e querendo, não obrigatoriamente, as pessoas podem jogar arroz por cima dos noivos. Esse ritual do arroz é muito antigo nos casamentos, dizem que traz sorte e prosperidades para o casal. E começa os comprimentos aos noivos.

Se o babalorixá ou cacique optou por depois da cerimônia chamar as entidades de Umbanda para darem suas bênçãos ao casal, após os comprimentos já pode começar a gira que será bem rapidinha, somente para as bênçãos das entidades, até porque depois com certeza haverá festa para os irmãos, amigos e convidados.

Obs.: Como foi falado anteriormente, esse é um ritual básico e bem simples de se fazer, que poderá ser mudado, acrescentado ou diminuído alguma coisa, de acordo com a raiz e o fundamento do terreiro que será realizado.

O exemplo de certificado de casamento mostrado acima também poderá ser usado no ritual de batismo, trocando apenas algumas palavras.

Todo o médium de Umbanda deve viver conforme os princípios da religião, porque dentro dela também há seus sacramentos, que são: rituais de batizado, comunhão, crisma, cruzamentos, confirmação, coroação, casamento, missas e funeral.

E todo terreiro de Umbanda que estiver legalmente registrado em algum órgão ou federação umbandista está apto a fornecer, com validade absoluta, em todo o Brasil, qualquer certificado referente a algum desses rituais citados anteriormente.

O pano de costa, citado acima, é o mesmo que os chefes de terreiros, na maioria das vezes, usam sobre os ombros.

Modo de fazer a coroa

É feita de duas espadas de São Jorge, com plantas presas umas nas outras em forma de círculo com a medida da cabeça dos médiuns, enroladas com arruda, guiné e alecrim preso em toda a sua volta. E, para prender nas espadas, a arruda, a guiné e o alecrim, na feitura da coroa, pode-se usar linha de costura ou fio de palha da costa.

Hino de Umbanda

*Refletiu a luz divina
em todo seu esplendor;
é do Reino de Oxalá
onde há Paz e Amor.*

*Luz que refletiu na terra,
luz que refletiu no mar,
luz que veio de Aruanda
para tudo iluminar.*

*A Umbanda é Paz e Amor,
é um mundo cheio de luz...
é a força que nos dá vida
e à grandeza nos conduz.*

*Avante, filhos de fé
como a nossa Lei não há...
levando ao mundo inteiro
a bandeira de Oxalá.*

Exemplo de certificado

Ilê Axé Xangô e Oyá

Registro de Casamento

Certificamos que no dia 28 de dezembro de 2013 foi realizado em nosso Centro, o casamento de xxxxxxxxxxxxxxxxxxxxxxxxxxx obedecendo todos os rituais e preceitos exigidos na Umbanda.

xxxxxxxxxxxxxxxxxxxxxxxxx
xxxxxxxxxxxxxxxxxxxxxxxxx

Padrinhos

Rosário do Sul, 28 de dezembro de 2013.

_____
Babalorixá xxxxxxxxxxxxxxxxxxxxxx

Cerimônia fúnebre

Ritual realizado obrigatoriamente após o falecimento do chefe do terreiro ou de algum médium, que faça parte da corrente mediúnica do terreiro de Umbanda.

Nesse ritual, a pessoa que for realizar o mesmo, deve obrigatoriamente estar com suas guias no pescoço. O falecido não obrigatoriamente deve estar vestido de branco ou com roupas de santo, sem as suas guias no pescoço.

Material necessário

- Um vidro pequeno de óleo de oliva;
- Uma pemba branca totalmente ralada em pó;
- As guias do médium;
- Uma vareta de incenso;
- Uma mensagem para ser lida ou a prece de caritas;
- Quatro velas brancas comuns.

Modo de fazer

O babalorixá ou o cacique que vai realizar o ritual deve proceder da seguinte forma.

Chegando ao local onde está sendo velado o corpo do falecido e já perto da hora de sair o cortejo, a primeira coisa a fazer é acender um incenso embaixo do caixão para incensar o corpo do falecido, e dizer algumas palavras sobre o falecido, coisas sobre a despedida, sobre a sua boa conduta como pessoa, médium, etc.

A seguir lê uma mensagem escolhida para tal fim, que pode ser lida por um ajudante.

Após a mensagem, o babalorixá ou o cacique começa a rebentar as guias dentro e na volta do caixão. Se tiver alguma roupa ou utensílios para colocar no caixão essa é a hora.

Pega o óleo de oliva e molhando o dedo polegar várias vezes no óleo, faz o sinal da cruz várias vezes na testa do falecido, falando em vós baixa, fulano, dizer o nome do falecido, com o poder que me foi dado a partir de agora eu te libero e te desprendo de qualquer compromisso com a religião de Umbanda aqui na terra.

Vá em paz, livre de qualquer vínculo aqui na terra, não sendo obrigado a atender a nenhum chamado de amigos ou irmão de religião, que envolva qualquer tipo de trabalho.

Procure evoluir cada vez mais junto com suas entidades, que com certeza já estão perto de você para te encaminhar para a luz.

Guarda o vidro com a sobra do óleo, que será usado a frente.

Próximo passo, pega o pó de pemba e com as pontas dos dedos pulveriza toda a volta do corpo do falecido (não é por cima do corpo), guardando um pouco para ser usado a frente no local onde será enterrado o falecido (cemitério).

Feito isso, convida todos os irmãos para rezarem um pai nosso de umbanda e cantarem os pontos a seguir:

Pai nosso de Umbanda

Pai-nosso, que estais no céu, nos mares, nas matas e em todos os mundos habitados. Santificado seja teu nome, pelos teus filhos, pela natureza, pelas águas, pela luz e pelo ar que respiramos. Que o teu reino do bem, do amor e da fraternidade nos una a todos, a tudo que criastes, em torno da sagrada cruz, aos pés do Divino Salvador e Redentor. Que a tua vontade nos conduza sempre para o culto do amor e da caridade. Dá-nos hoje e sempre a vontade firme para sermos virtuosos e úteis aos nossos semelhantes. Dá-nos hoje o pão do corpo, o fruto das matas, a água das fontes para o nosso sustento material e espiritual.

Perdoa se merecemos as nossas faltas. E dá sublime sentimento do perdão para os que nos ofendem. Não nos deixe sucumbir ante a luta, dissabores, ingratidões, tentações dos maus espíritos e ilusões pecaminosas da matéria. Envia Pai, um raio de tua divina complacência, luz e misericórdia, para os teus filhos pecadores, que aqui labutam pelo bem da humanidade, nossa irmã.

Ponto de Oxalá

Oxalá meu pai,
tem pena de nós tem dó;
se a volta do mundo é grande,
seus poderes são bem maior.

Ponto do Maioral

*Bateu asa e canta o galo
na hora em que Jesus nasceu;
quem manda nessas alturas meu senhor,
quem pode mais do que eu.*

Ponto do guia do falecido (Hino da Umbanda)

*Refletiu a luz divina
em todo seu esplendor;
é do Reino de Oxalá
onde há Paz e Amor.*

*Luz que refletiu na terra,
luz que refletiu no mar,
luz que veio de Aruanda
para tudo iluminar.*

*A Umbanda é Paz e Amor,
é um mundo cheio de luz...
é a força que nos dá vida
e à grandeza nos conduz.*

*Avante, filhos de fé
como a nossa Lei não há...
levando ao mundo inteiro
a bandeira de Oxalá.*

Depois desses pontos cantados, o caixão é fechado para seguir em direção ao cemitério.

Chegando ao local o caixão é aberto novamente para uma última despedida. Querendo, pode-se cantar algum ponto como despedida, mas não há necessidade alguma, pois o que tinha que ser feito, já foi feito no local onde o corpo foi velado.

Depois da última despedida, o babalorixá ou cacique espera o caixão ser lacrado e sepultado, espera também que um pouco das pessoas vão embora, para depois lacrar o túmulo, circulando-o com pó de pemba, e acendendo as quatros velas brancas em cruz, ou seja, uma acima da cabeça, uma abaixo dos pés, uma ao lado direito e outra ao lado esquerdo, virando também aos pés de cada vela acesa o que sobrou do óleo de oliva, dizendo essas palavras, com o poder que me foi concedido como babalorixá ou cacique de Umbanda e com autorização de todos os guardiões do campo santo, eu selo e cruzo esse túmulo onde foi enterrado o corpo do fulano (dizer o nome do falecido), para que nada que seja feito aqui depois do seu sepultamento, em relação a religião que o mesmo praticava, seja respondido pelo seu espírito, impedindo também que o mesmo seja perturbado por qualquer tipo de ação ou trabalhos religiosos, a partir de agora.

Assim se encerra esse ritual, com as recomendações de sempre para quem vai ao cemitério, de após chegar a sua casa, se descarregar com banhos de ervas ou sal grosso.

Obs.: Podem também rezar um pai nosso e uma ave Maria para que os católicos presentes possam acompanhar.

Caso o falecido tenha muitos objetos de seu uso religioso, que pelo motivo de serem muitos, tipo roupas, calçados, capas, chapéus etc., os mesmos podem ser queimados num local adequado, escolhendo um dia para tal fim.

Aos sete dias, vinte e um dias e três meses os irmãos devem se reunir para a missa em memória e oferecer preces de conforto ao falecido.

Se possível, após os sete dias a casa do falecido deve passar por uma limpeza e higienização conforme os preceitos da umbanda.

Missa em memória

É o encontro dos médiuns de corrente, no terreiro ou local adequado, realizadas algumas vezes após o falecimento do chefe do terreiro ou de um médium de corrente, com a finalidade de direcionarem preces e orações ao falecido.

Trecho retirado do livro Ilê Axé Umbanda (Conversas com o Caboclo Ogum da Lua)

"Médium – Para onde vai a alma ou o espírito do médium de Umbanda, após a desencarnação aqui no plano terreno?

Caboclo Ogum da Lua – Após deixar a matéria no plano terreno, a alma vai para o plano astral. Nesse plano, ela vai procurar se libertar das dívidas contraídas no plano terreno, mesmo que para isso tenha que reencarnar; libertando-se das suas dívidas, poderá, então, subir a planos ou dimensões superiores.

Médium – Sabemos que a religião de Umbanda tem sua própria cerimônia fúnebre, mas o que gostaríamos de saber é se o terreiro deve ficar em luto após o falecimento do babalorixá, ialorixá, cacique ou chefe do terreiro, ou até mesmo de um irmão de corrente. E por quanto tempo?

Caboclo Ogum da Lua – Na Umbanda, meu filho, o luto significa apenas um sentimento de perda ou falta da pessoa que partiu. Portanto, é uma questão pessoal. Todo umbandista deve saber também que, ao morrer na matéria, nasce-se no espírito, e quando se morre no espírito, nascesse na matéria. Assim, e desde que haja alguém qualificado para tal fim, não há necessidade de fechar o terreiro por um longo prazo e parar os trabalhos de caridade aos que ficaram e necessitam deles.

Por respeito e amor à pessoa que partiu, vocês podem parar os trabalhos externos por até 21 dias, e, nesse período, reunir os médiuns do terreiro algumas vezes, para juntos lhe fazerem muitas orações e preces. Depois, os trabalhos internos e externos podem voltar ao normal. Se o terreiro costuma usar tambor em suas giras, deve-se deixá-lo parado (deitado) por mais trinta dias; as giras, portanto, serão sem tambor durante esse período.

Médium – Após o falecimento de um médium de Umbanda, qual o procedimento com seus pertences usados na religião (calça, camisa, guias etc.)? E se o médium que partiu for o chefe do terreiro, qual o procedimento em relação ao congá e assentamentos? E o terreiro, deve fechar ou continuar aberto?

Caboclo Ogum da Lua – Em relação aos pertences do médium, vocês poderão colocá-los junto com o corpo no caixão; as guias devem ser rebentadas em cima do corpo do médium. Se preferirem, poderão queimar tudo em uma fogueira no chão, podendo também despachar tudo na natureza, num lugar bem afastado, deixando as guias rebentadas e as roupas totalmente rasgadas – ou simplesmente entreguem-nas para a pessoa que irá realizar os atos fúnebres, para que ela lhes dê o melhor fim (com certeza ela saberá o que fazer). Se o médium que partiu era o chefe do terreiro e este vai continuar aberto, após sete dias do falecimento o médium escolhido para dirigir os trabalhos a partir de então deverá lavar com água pura ou com um mieró de ervas amargas, sabão de coco ou da costa, todas as imagens, quartinhas e guias do congá, secando-as com um pano branco e colocando-as em seu devido lugar (as quartinhas sem água). Se houver Linha de Esquerda, será preciso fazer o mesmo com o assentamento desta. Depois, deverá despachar tudo – água ou mieró, sabão e pano – na rua. Por último, na frente do congá, com água ou mieró de ervas amargas numa bacia grande, sabão de coco ou da costa e um pano branco para secar as guias e as cabeças, tudo novo, terá de lavar a cabeça e as guias de todos os médiuns que tinham algum tipo de cruzamento com o falecido, usando o mesmo líquido, sabão e pano para todos. Depois, precisará despachar tudo na rua. Feitos todos esses rituais, que significam tirar a mão do falecido, a pessoa escolhida deverá marcar um dia para fazer novos cruzamentos em todo congá, assentamento, guias e médiuns de corrente (agora com um mieró individual para cada um), para a sua mão ser colocada como nova dirigente e chefe do terreiro desse dia em diante. Por fim, será preciso encher as quartinhas com água, e estará tudo pronto para o terreiro seguir em frente com seus rituais normais. Caso o falecido tenha escolhido o novo dirigente ainda em vida e feito com que este realizasse todos esses rituais de tirar e colocar a mão no congá, assentamento e nos médiuns enquanto ainda estava vivo – o que é o mais correto a ser feito –, não há necessidade, depois de sua partida, de fazer nenhum desses rituais, pois tudo já estará com a mão e o comando do novo dirigente. Se o terreiro for fechar, o médium que estiver cuidando dos rituais fúnebres – ou alguém escolhido para tal fim – deverá, após sete dias, despachar, isto é, devolver à natureza, em locais bem afastados e sem movimento, todas as imagens, quartinhas, guias, assentamentos e demais materiais usados no terreiro. Imagens, quartinhas e materiais de praia, na praia; de mato, no mato; de cruzeiro, no cruzeiro; e assim sucessivamente. Não será necessário quebrar nada, apenas despachar em locais bem afastados e disfarçados, evitando os maus olhos alheios – com exceção da casa do Exu e Pomba-gira, que deve ser quebrada, ou seja, destruída totalmente. É importante que, ainda em vida, o médium ou chefe do terreiro deixe isso tudo combinado com seus familiares, para evitar que na hora eles não saibam o que fazer e chamem um padre católico para encomendar sua alma e dar fim aos pertences religiosos. Salão, cadeiras, mesas, prateleiras, bacias, panelas, cortinas etc. podem ser usados normalmente, sem problema algum".

Consagração da Pemba na Umbanda

A pemba é uma forma de giz branco ou colorido que depois de consagrada atrai vibrações positivas do espaço e das entidades de Umbanda. Também representa a escrita divina através da magia dos pontos riscados e usados nos rituais de Umbanda e sua Linha de Esquerda, e sem sombra de dúvidas é o instrumento mais poderoso utilizado nos rituais de umbanda.

Material necessário

- Um prato branco;
- Uma vela de sete dias branca;
- Uma pemba branca;
- Um copo transparente com água;
- Algodão;
- Defumação com ou sem brasa;
- Perfume pode ser alfazema;
- Uma vasilha pequena com mieró (amací).

Modo de fazer

Risca-se no chão em frente ao congá ou numa peça tranquila, caso não tenha congá em casa, uma estrela de seis pontas com outra pemba e igual a que expomos no começo da Obra. Coloque bem no meio da estrela o prato branco forrado com algodão e a pemba em cima, livre da embalagem.

Ao lado esquerdo coloque o copo com água e ao direito a vela acesa.

Bata sineta fazendo uma chamada aos orixás, entidades, guias e protetores, pedindo a consagração da pemba para que possa ser usada dali para frente com sucesso em todos os rituais que exijam o uso da mesma.

Largue a sineta ou de para alguém seguir tocando e pegue com a mão direita a pemba e deposite na sua mão esquerda, em forma de concha, a pemba.

Seguindo em frente, defume bem a pemba, depois molhe os dedos da mão direita no mieró e pulverize o mieró com os dedos por cima da pemba, pulverize também o perfume e coloque a pemba novamente no prato.

Deixe-a no prato velando até acabar a vela e está pronta para o uso.

Após retire o prato e a pemba, e jogue a água num verde.

Obs.: Esse mesmo ritual vale para consagrar a pemba na Linha de Esquerda.

Apenas mude o local, que será no assentamento do mesmo e não no congá, mude também a estrela para o triangulo com o vértice para baixo, também exposto no começo da Obra, e troque a vela para a cor da Linha de Esquerda, troque a pemba também para a cor desejada e use um mieró da Linha de Esquerda. O resto segue igual.

Algumas imagens essenciais no congal, peji, altar de umbanda

Oxalá, Ogum, Xangô, Oxóssi, Iemanjá, Oxum, Iansã, Cosme e Damião e Pretos Velhos.

Essas são as imagens essenciais para deixar um congal pronto para os trabalhos. Depois, você pode acrescentar as imagens que desejar, de acordo com sua feitura, raiz ou até mesmo de acordo com sua entidade.

Cosme e Damião

Como já tinha citado no começo dessa Obra, sobre o livro "A Magia de São Cosme e São Damião", às próximas páginas serão dedicadas especialmente a todas as crianças do mundo inteiro, e principalmente a todos os espíritos infantis que trabalham nos terreiros e tendas de Umbanda, especialmente a São Cosme, São Damião e Doum, considerados Patronos da linha infantil nos terreiros de Umbanda.

Salve Cosme, Damião e Doum; salve os Erês; salve os Ibejís.

Educação

A educação que tem prevalecido no passado, tem sido insignificante, incompleta e superficial. Só cria pessoas que aprendem a ganhar para viver, mas não dá visão interna alguma sobre a vida em si mesma (...).

Não só é incompleta, senão também daninha... porque está baseada na competição.

Qualquer tipo de competição é violenta e propicia pessoas que não sabem amar... naturalmente, tem que lutar e estar em conflito com eles mesmos. Isso destrói suas alegrias e destrói suas amizades.

OSHO

A consciência autoeducativa

*"Ou o educando se auto-educa ou não aprende nada.
Se o aprendizado não se realiza por própria disposição
autoeducativa, não há educação segura."*

*"Para que a educação seja eficiente, é necessário
uma interiorização do princípio autoeducativo,
uma vez que com injeções ninguém se educa,
e tampouco educa a alguém."*

*"A educação se torna eficaz quando o educador,
a partir de sua própria consciência auto-educadora, abre,
por intermédio da motivação, a consciência autoeducativa
do educando, de modo que este consiga abrir-se a seu próprio
educador interno e a seu próprio educador externo: nisto
consiste precisamente a consciência autoeducativa."*

Miguel Herrera Figueroa

Uma historinha de criança para adultos

Havia em um lugar, quatro bichinhos, um branco, um preto, um malhado e um pardo. O branco chamava-se *luz*, o preto *trevas*, o malhado, *caridade* e o pardo, *arrogância*.

O branco irradiava por si só muito brilho, tranquilidade, esperança e, acima de tudo, visão mais clara de tudo que lhe rodeava. O preto transmitia angústia, raiva, desalento, era irritadiço, mal-educado e, acima de tudo, transmitia muita tristeza.

O malhado era calmo, sereno, manso, irradiava a vontade de estar perto dele, transmitia, acima de tudo, muita compreensão.

O pardo achava-se o melhor de todos, queria ser o Manda-Chuva, "pois igual a mim", pensava ele, não há outro melhor e com isso transmitia insolência e ar de superioridade.

O preto não queria saber de andar com o malhado, o branco dava-lhe ojeriza, mas gostava e se sentia bem com o pardo e este, por sua vez, só queria e só seguia os passos do preto, indo, quando fosse e onde fosse, a todos os lugares que ele se dirigia. O branco e o malhado se completavam e, quando o malhado conseguia expor seus ideais nobres, o branco reluzia mais e refletia isso no malhado, realizando-se assim o branco por estar na companhia do malhado. Porém, para o branco a maior satisfação era a de estar sempre que possível com o preto; era uma necessidade inata e brotava do fundo do seu coração. Ele queria que o preto não fosse como era e disse ao malhado que daria tudo, até a transfiguração de seu brilho para o preto para que eles pudessem estar juntos. Só que o preto, quando o via, se afastava e não queria saber da sua companhia.

– Pois é. – falou o malhado. – Faço das suas as minhas palavras e intenções, só que elas estão voltadas para o pardo. Ele vive a me debochar, a me criticar, a fazer desaforos e a dizer que não sirvo para nada, só porque sou bom, simplesmente por ser bom. Ele pensa e diz que isso é pura fraqueza minha.

O preto e o pardo discutiam traições, vinganças, ódios, maledicências, fofocas, pouco caso etc. até que o pardo, na sua superioridade, pôs em dúvida a força do preto.

– Você vive aí a dizer que é o todo poderoso, o senhor do mal, mas bem que eu vi outro dia você aceitar e ficar quase petrificado quando o branco se aproximou e começou a falar sobre verdades que ele julga ser e a querer dedicar confiança e amizade. Bem que você estava gostando, hein? – Eu! Você é louco. Você acha que eu seria capaz? Não sou você que outro dia flagrei às escondidas olhando o malhado dar seu pão a outro que nada tinha para comer, e também seus ensinamentos que o outro agradeceu. Você não quis se mostrar, mas ficou atento e guardou tudo com muita atenção.

– Ora, ora, você está pensando que eu sou alguma maria-mole? Eu sei muito bem do que sou capaz. Fique sabendo que você não tem o menor direito de falar assim comigo.

Houve uma discussão e eles se separaram.

O preto seguia seu caminho e encontrou-se com o branco, que vinha também ao seu encontro. Ele tremeu, mas no fundo sabia que lhe fazia bem a companhia e que, por mais que se afastasse, sempre o encontraria em sua direção.

O pardo ao ir, viu outra vez o malhado fazendo das suas e parou e ficou olhando, reflexivo. No fundo ele achava muito bonito o que o malhado fazia e analisou que mesmo que ele não quisesse, iria sempre encontrá-lo à sua frente.

Moral da história: Por mais escuros que sejam os caminhos que trilhamos, sempre haverá uma luz a que se apegar para iluminar a jornada. Por mais que nos façamos de indiferentes, haverá sempre alguém a mostrar que não há saída para os caminhos sem a ajuda da mão que a caridade estende.

A todos, com muito amor e carinho.

Ricardinho

Algumas palavras sobre Cosme e Damião

Muito pouco se sabe sobre a vida de São Cosme e São Damião. Além de irmãos gêmeos, tiveram um irmão mais, Doum. Tinham um altíssimo conhecimento sobre o poder de cura, da carne e do espírito, e por causa da sua humildade, inocência e simplicidade, eles foram associados a todas as crianças.

Algumas lendas, histórias e relatos contam que São Cosme e São Damião passavam dias e noites dedicados à cura tanto de pessoas como animais, sem nada cobrar e por esse motivo foram sincretizados como "santos dos pobres" e também considerados padroeiros dos médicos. Por causa da sua fé inabalável, foram perseguidos e mortos (decapitados) e enterrados lado a lado.

A lenda diz que eles foram perseguidos por vários soldados que lhes atiraram flechas, e que as mesmas flechas voltaram e feriram os próprios arqueiros. Por todo esse sofrimento, humildade, amor, fé e por possuírem muita luz, são hoje santos católicos, que também se introduziram nas sete Linhas de Umbanda sincretizados como: Cosmes, Erês, Ibejís, dando assim continuidade aos seus trabalhos em espírito, não só na religião católica como também na Umbanda. Não esquecendo seu irmão mais novo chamado Doum, que junto fez parte de todas as suas trajetórias. Essas crianças, além de não serem muito conhecidas pelos próprios médiuns que as incorporam, infelizmente se encontram bastantes esquecidas nos terreiros de Umbanda, sendo lembradas somente no dia de Cosme e Damião, que é sua data comemorativa.

Quero salientar que, daqui para frente, sempre que nos referirmos ao *São Cosme e São Damião*, estaremos também nos referindo a *Doum, Erês, Ibejís*. E sempre que nos referirmos aos *Cosmes*, estaremos nos referindo a: *(Cosme, Damião, Doum, Erês, Ibejís)*.

Os Cosmes, Erês, Ibejís, são espíritos infantis que, ao incorporarem em seus médiuns, trazem lembranças de quando encarnados e desencarnados como crianças. São bastante conhecedores de vários tipos de doenças e suas curas, meigos, inocentes, ingênuos, graciosos, faceiros, brincalhões e infantis e por esses motivos não riscam ponto quando estão incorporados. E por isso, a maioria das pessoas prefere se tratar com essas crianças, pois são espíritos evoluídos e de muita luz e entendem de qualquer assunto, amor, negócios, trabalho, saúde, magias, feitiços, doença etc.

A um ditado de umbanda que diz. *"O que os filhos das trevas fazem, qualquer criança desfaz. O que a criança faz (no sentido do bem, é claro) ninguém desfaz ou interfere"*. São capazes de defender o seu médium ou alguém que os procurem, da pior coisa que possa existir material ou espiritual, na terra ou no astral, o que prova que esses Cosmes, Erês, Ibejís, mesmo com suas brincadeiras, têm muita força e que não são tão ingênuos como muitos pensam. E, como os Exus, se não forem bem cuidados e tratados, podem atrapalhar os trabalhos, rituais e oferendas de qualquer pessoa com suas brincadeiras infantis, desvirtuando a concentração do médium ou da pessoa que for realizá-lo.

Com suas purezas espirituais tão grandes, não cansam de dizer aos consulentes que a única forma de vencer é que eles sejam puros. E quando estão incorporados nos terreiros, mesmo durante perguntas, consultas, conselhos, passes, pedidos de proteção, pedem todos os tipos de guloseimas, refrigerantes, sucos e brinquedos próprios de criança.

Comem e distribuem doces e balas como proteção aos participantes e brincam e brigam entre si, e com as crianças presentes, e até mesmo com os adultos. A gira vira uma alegria só entre brincadeiras e traquinices.

Em quase todos os terreiros brasileiros os chefes costumam deixar uma ou duas entidades adultas incorporadas em seus médiuns na hora da gira dos Cosmes. Na maioria das vezes são elas Ogum ou Iansã (não obrigatoriamente) que ficam munidas com uma espada de São Jorge ou espadas de Santa Bárbara (planta), ou uma vara de marmelo, para melhor controlar e colocar ordem nos Cosmes, tendo as entidades até que ameaçá-los com as espadas como se fossem surrá-los, para que se aquietem e não cometam tanta macaquice e desordem no local.

Com exceção das que tem pouca idade e que ficam nos cantos do salão, ou local da gira brincando quietinhas e só olhando os outros aprontarem.

Isso tudo é o que acontece durante uma gira de Cosme e Damião, e que podemos definir em três palavras: Pureza, Inocência e Alegria.

Encerro esperando que o que será exposto nestas paginas sejam o suficiente para repensarmos melhor, e até mesmo trazermos de volta para os terreiros de Umbanda esses Cosmes, Erês e Ibejís, que são entidades que cuidam das nossas crianças, protegendo-as e encaminhando-as, desde o nascimento até a adolescência, procurando levá-las sempre para o caminho do bem. As crianças de hoje são o futuro do amanhã!

Salve Cosme e Damião e Doum!

Salve os Erês!

Salve os Ibejís!

Orações a Cosme e Damião

A. Nesta oração quero louvar Entidades poderosas puras e formosas: São Cosme e São Damião. Santos meninos que amorosamente alegram os corações dando paz e esperança. Santas crianças que em vida conheceram a dor e o pranto, sendo supliciados por amor a Jesus e a fé, que os tornou imortais. Partiram gloriosamente para a vida eterna, onde dia e noite protegem seus devotos. Eu sou dos mais fervorosos e por esse motivo, rezo esta prece com muita fé. "Sei poderosos meninos São Cosme e São Damião, que todos os problemas, quando chegam as vossas mãos, se transformam em sonhos coloridos. As dores e os dissabores são levados para longe e colocados em nuvens cor-de-rosa e transformados em balões que sobem, até sumir para sempre. De vossa bondade, espero conseguir (fazer o pedido) e na pureza de vossas flores, no vosso buquê de amores, derramai a paz em meu coração. São crianças, e as crianças tudo podem junto a Oxalá divino, o mesmo que disse um dia: *venham a mim as criancinhas!* Atendei a minha suplica, e o meu pedido será como brinquedo lindo, que darás a um menino (a) pobre.

Neste instante, sinto-me indefeso, pequenino, uma criança também. Nesta prece São Cosme e São Damião, neste pedido (repetir o pedido) sejam confirmados a minha gratidão."

Assim seja.

B. Oh meu glorioso São Cosme e São Damião. Tu que sofreste pelos pobres, humildes, fracos e oprimidos, conceda-me a graça de (fazer o pedido). Vos que fostes perseguidos, decapitados e enterrados juntos passando desta vida para a vida eterna e assim podendo ajudar melhor os seus devotos, conceda-me a graça de (fazer o pedido). Vós que assim como Jesus Cristo sofreu e padeceu na terra pelo bem da humanidade, conceda-me a graça de (fazer o pedido). Vós que foste médico e curaste todo o tipo de doença, material e espiritual, ajudai-me para que eu possa curar as minhas e conseguir o que desejo (fazer o pedido).

Assim seja.

C. São Cosme e São Damião, vós considerados médicos dos pobres e dos humildes, que nunca cansastes de curar as doenças da carne e do espírito, dos pobres e dos ricos, dos brancos e dos pretos, dos homens, das mulheres e das crianças... Sem nada cobrar. Dai-me também a sua benção para que eu consiga realizar o meu desejo (fazer o pedido).

São Cosme e São Damião abençoem também o meu trabalho, a minha casa, a minha família, os meus amigos e também os meus inimigos para que possamos viver felizes como são as crianças.

Assim seja.

D. Poderosos Santos São Cosme e São Damião vós que fostes médico e defensor do nome do nosso Senhor Jesus Cristo, que nunca cansaste de lutar contra o demônio ao qual sempre venceste, livrando de suas garras os fracos e oprimidos, de quem vós se constituístes advogado, ajudando e livrando de todas as investidas do demônio. Seja agora o meu defensor e protetor dos meus caminhos, para que com a minha humilde fé que tenho nos senhores eu possa vencer todos os obstáculos da minha vida.

Dai-me força e energia para que eu possa alcançar os meus objetivos, crescendo material e espiritualmente, principalmente na fé que tenho nos senhores. Certo que as minhas súplicas serão atendidas, desde já agradeço.

Assim seja.

E. São Cosme e Damião, que por amor a Deus e ao próximo vos dedicastes à cura do corpo e da alma de vossos semelhantes, abençoai os médicos e farmacêuticos, medicai o meu corpo na doença e fortalecei a minha alma contra a superstição e todas as práticas do mal.

Que vossa inocência e simplicidade acompanhem e protejam todas as nossas crianças.

Que a alegria da consciência tranquila, que sempre vos acompanhou, repouse também em meu coração. Que a vossa proteção, Cosme e Damião, conserve meu coração simples e sincero, para que sirvam também para mim as palavras de Jesus: Deixai vir a mim os pequeninos, porque deles é o Reino do céu.

São Cosme e Damião, rogai por nós.

F. Ó Deus menino, que crescestes em sabedoria e graça com Maria e José. Pela intercessão de São Cosme e São Damião, abençoa os meus filhos, irmãos, parentes e vizinhos. (lembre o nome da criança que está precisando de orações).

Que o sangue destes Mártires, servos da Santíssima Trindade lave os meus pecados e purifique todo o meu ser.

Ajudai-me a crescer em solidariedade, compaixão e misericórdia para com o meu próximo mais próximo, a exemplo de São Cosme e Damião, Missionários e defensores da vida em plenitude.

Por Cristo Senhor Nosso.

Amém.

Prece a Cosme e Damião

Meu glorioso Cosme, Damião, Doum, Erês, Ibejís e espíritos infantis trabalhadores de Umbanda, venho por intermédio dessa prece, pedir a sua proteção. Vocês que são espíritos humildes, inocentes e puros de coração, ajudem-me para que eu possa vencer todos os obstáculos da vida com muito sucesso. Tragam paz, saúde, felicidade e prosperidade para minha vida. Abram meus caminhos, portas, porteiras, janelas e cadeados que por ventura possam estar fechados.

Tragam-me bons amigos e afastem meus inimigos para que nem um mal eles possam me fazer. Livrem-me de todo ódio, inveja, carga ou praga rogada. Adocem meu coração para que eu seja uma pessoa boa e possa assim cumprir com a minha missão. Protejam minha casa, filhos, familiares e meu trabalho. Deem-me toda esperança e desejo que uma criança tem, de ter algo que tanto deseja para si. Ajudem-me, para que eu possa conseguir o que tanto desejo para mim (fazer o pedido). Abençoem-me, em nome de Olorum, Oxalá e do Espírito Santo de Umbanda.

Assim seja!

Mesa para as crianças

A mesa arriada para as crianças significa alegria, fartura e misericórdia, tanto para as pessoas como para os Guias, Orixás e protetores, pois os mesmos possuem um imenso e profundo carinho, respeito e admiração pelas crianças.

Ela pode ser feita no dia dos Cosmes, no dia das crianças ou a qualquer mês, dia ou hora, como homenagem, oferenda ou promessa de uma graça alcançada com a ajuda dos Cosmes.

Deve ser feita no assoalho (chão) do salão (terreiro), ou numa peça qualquer da sua própria casa, sem o uso de cadeira ou bancos, devendo as crianças sentar no próprio assoalho, uma ao lado da outra, ao redor da mesa. Se você preferir, pode (não obrigatoriamente) enfeitar a peça com balões e bandeiras feitas de papel de seda branco, azul e rosa ou todas as cores, menos o preto.

Pode ser feita com o uso do tambor (toque) e com a incorporação dos Cosmes; com o uso do tambor (toque) e sem a incorporação dos Cosmes; sem o uso do tambor e com incorporação dos Cosmes; sem o uso do tambor e sem incorporação dos Cosmes; somente com as crianças que participarão da mesa.

Durante o ritual da mesa, podem ser cantados alguns pontos de Cosmes, Oxum, Iemanjá, Oxalá.

Se você preferir, pode fazer a mesa em silêncio total, sem cantorias. Pode também ser feita por umbandistas ou por pessoas leigas no assunto, bastando, para isso, apenas juntar algumas crianças e organizar uma peça de sua casa.

E, se você optar em fazer a mesa com a incorporação dos Cosmes, não esqueça de deixar uma ou duas entidades adultas incorporadas e munidas de espadas ou varas de marmelo para melhor controlar as crianças. Conte também com a ajuda dos participantes, até porque você sabe, não é fácil colocar uma criança na mesa sentada quieta para comer.

A mesa deve conter obrigatoriamente o número de 7, 14, 21, 28..., membros participantes entre crianças e Cosmes. Pode ser bem simples, ou bem farta, dependendo das posses da pessoa. Sempre terá o mesmo valor para as crianças.

Ensinarei como arriar uma mesa para os Cosmes, porém os enfeites, doces, guloseimas, refrigerantes ou sucos citados, ficam a seu critério, podendo acrescentar algo a mais ou diminuir, sem prejudicar a mesa.

As quartinhas de Cosmes, Oxum, Iemanjá, Oxalá só serão usadas se a mesa for feita no salão de um terreiro, e se as mesmas fizerem parte do congá do terreiro. Caso contrário, não.

Obs.: Esta mesa é um modelo de mesa destinada às crianças, espíritos infantis, Cosmes, Erês, Ibejís de Umbanda. Não tem nada a ver com a mesa de Nações Africanas, onde tudo é totalmente diferente, desde o número de participantes da mesa, até a maneira de servir, cantar, retirar a mesa. Portanto, não confundam com mesa de Orixás.

Material necessário

- Uma toalha branca grande, ou de cor clara para servir de mesa;
- Uma vela branca ou nas cores dos Cosmes;
- Quartinha dos Cosmes (se for o caso);
- Quartinha da Oxum (se for o caso);
- Quartinha da Iemanjá (se for o caso);
- Quartinha de Oxalá (se for o caso);
- Um vaso com flor;
- Uma vasilha com canja feita de arroz, legumes e verduras;
- Vasilhas com doces, guloseimas, salgadinhos;
- Uma vasilha com frutas;
- Uma vasilha com balas e pirulitos;
- Refrigerantes ou sucos;
- Pratos fundos de louça ou plásticos;
- Copos de plástico ou de vidro;
- Colheres (nunca use faca ou garfo na mesa para as crianças);
- Guardanapos de papel;
- Uma bacia pequena com um pouco de água;
- Um sabonete comum;
- Uma toalha pequena de cor clara;
- Um vidro de perfume;
- Um pote pequeno com mel;
- Balões para enfeitar;
- Bandeiras para enfeitar.

Obs.: A bacia pequena com água, o sabonete, a toalha pequena, o mel e o perfume, só serão usados no final da mesa quando forem levantar as crianças e os Cosmes (*se for o caso*). Portanto, deixe-os separados e reservados até a hora de serem usados.

Se a mesa for feita num terreiro ou local que tenha congá e o mesmo não possuir todas as quartinhas coloque as que possuírem.

Defina algumas pessoas para lhe ajudar a servir e cuidar das crianças durante o ritual da mesa. Você e as pessoas escolhidas devem trajar roupas brancas ou claras. Em hipótese alguma, preta, e devem estar descalços.

Atenção: O número de participantes da mesa entre crianças e Cosmes, se for o caso, é de 7, 14, 21, 28... E os mesmos não podem estar trajando roupas pretas, calçados e bonés. A idade das crianças que participarão da mesa pode ser de 0 a 14 anos, porém devemos sempre dar preferência para as que forem menores de idade.

E, sempre que tiver no local onde está sendo realizada a mesa uma mulher grávida, essa terá sempre prioridade a participar da mesma, sentando junto com as demais crianças.

As crianças menores que ainda não comem com suas próprias mãos, podem sentar à mesa no colo da sua mãe ou responsável que deve dar de comer, mesmo que seja pouquinho, podendo a mãe ou responsável no final de cada servida comer o restante que ficou no prato.

Para que o ritual da mesa tenha um bom andamento, ou seja, sem muita demora, com exceção do refrigerante ou suco, a canja e as guloseimas serão servidas uma única vez.

As repetições ficarão para depois que levantar a mesa com as sobras, que agora, junto com as outras crianças e adultos que não participaram da mesa, poderão comer sem cerimônias.

E, se a mesma teve a presença de Cosmes, esses permanecerão mais um pouco brincando e fazendo a festa, até a pessoa ou entidade responsável mandá-los embora. Se o seu espaço for pequeno, você pode montar a mesa com apenas sete crianças, ficando as demais (se for o caso) para comerem depois, sem cerimônias. Ou, se você preferir, pode, após levantar as sete crianças da mesa, colocar mais sete e assim sucessivamente. As vasilhas usadas na mesa com os ingredientes podem ser de louças, vidros, plásticos, esmaltadas, alumínio, ferro, panelas, gamelas, bacias e alguidar.

Os ingredientes usados na mesa podem ser balas, pirulitos, bombons, canja de legumes e verduras, salgadinhos todos os tipos, canjica com leite, arroz com leite, doce de leite, ambrosia, merengues, quindins, cremes, caramelos, bolos, guloseimas em geral, mingau todos os tipos, pudins todos os tipos, gelatinas, milho cozido em espigas, rapaduras, cocadas, pé-de-moleque, frutas todos os tipos, pipocas, pipocas carameladas, balas de coco, refrigerantes e sucos em geral.

Durante todo o ritual, sempre que você for montar a mesa, colocar os utensílios, copos, pratos, talheres, guardanapos, ingredientes, colocar as crianças sentadas, servir as crianças, retirar as crianças da mesa, retirar os ingredientes e utensílios da mesa, ou seja, desmontála, comece sempre pela direita, sentido contrário do relógio, fazendo a volta ao redor da mesa e terminando aonde começou.

E se você optar pela participação dos Cosmes na mesa, primeiro monte-a, depois de tudo pronto, aí sim, você deve estar um pouco afastado da mesa para evitar que batam, tropecem ou caiam sobre a mesma chamar os Cosmes.

Durante o modo de fazer a mesa, sempre que eu me referir às crianças estou também me referindo aos Cosmes (se for o caso). Após serem colocadas as crianças sentadas na mesa, nenhuma pode se levantar ou sair da mesa durante o ritual. Se for preciso tirar alguma por estar chorando ou por um motivo qualquer, deve ser substituída por outra no mesmo instante. A que saiu não pode voltar mais para a mesa.

Modo de fazer

1. Estenda a toalha grande no assoalho (chão).

2. Coloque no centro da toalha (agora mesa) a vela apagada e ao lado da vela coloque o vaso com flor.

3. Se forem usar as quartinhas, coloque-as ao redor da vela e do vaso com flor.

4. A seguir, coloque em cima da mesa, sem ordem predeterminada e distribua-as em cima as vasilhas com canja, doces em geral, salgadinhos, frutas, balas, pirulitos, refrigerantes ou sucos.

5. Coloque os pratos em cima da mesa distribuindo ao seu redor até completar a volta deixando um espaço entre um prato e outro.

6. Ao lado de cada prato, coloque uma colher, um copo e um guardanapo. Está pronta a mesa. Tudo deve ser feito começando sempre pela direita, até completar a volta.

7. Reserve a bacia com um pouco de água, sabonete, toalha pequena, mel e perfume para serem usados no final.

8. Após terminar de montar a mesa, se optar por chamar os Cosmes, faça, caso contrário, continue apenas com as crianças.

9. Coloque as crianças e os Cosmes (se for o caso) para sentar à mesa, uma ao lado da outra, começando sempre pela direita. Não se esqueça de dar preferência

para mulheres grávidas que estiverem no local participando da mesa e para as crianças de menos idade.

10. Acenda a vela e comece a servir as crianças. Se a mesa for feita com cantorias (pontos cantados) com ou sem tambor, autorize o tamboreiro ou as pessoas participantes para começarem a cantar, pontos de Cosme, Damião, Oxum, Iemanjá e Oxalá sem ordem predeterminada, durante todo o tempo que durar o ritual da mesa. E se a mesa for feita em silêncio continue em frente.

11. Sirva (sempre pela direita), a canja primeiramente e só autorize as crianças a começarem a comer depois que todos os pratos estiverem servidos em frente a cada uma ou Cosme.

12. Após todas as crianças terminarem de comer a canja, retire os pratos e as colheres para serem substituídos por outros limpos. Podendo ser os mesmos, após lavá-los e secá-los rapidamente, retirando e substituindo sempre pela direita.

13. Feito isso, comece a servir os pratos com os salgadinhos e doces em geral, um pouquinho de cada, sem ordem predeterminada, servindo junto o copo de refrigerante ou suco, sempre pela direita. E só autorize as crianças a começarem a comer e beber depois que todos os pratos e copos estiverem servidos. Se a alguma criança quiser repetir o refrigerante ou suco poderá fazê-lo sem problema algum.

14. Depois que todas as crianças terminarem de comer e beber retire de cima da mesa os pratos, colheres, copos e guardanapos de cada um. Sempre pela direita.

15. Seguindo em frente, uma pessoa deve pegar a bacia que estava reservada com um pouco de água, colocar o sabonete dentro e com as crianças ainda sentadas nos seus lugares, essa pessoa deve lavar as mãos de cada uma começando sempre pela direita.

16. Atrás da pessoa que lava as mãos das crianças, deve vir outra pessoa com a toalha secando as mãos de cada uma.

17. Atrás da pessoa que seca as mãos das crianças, deve vir outra pessoa com o pote de mel e uma colher pequena, colocando um pouco de mel na boca de cada uma.

18. Atrás da pessoa que coloca o mel na boca das crianças, deve vir outra pessoa com o vidro de perfume perfumando cada uma.

19. O ritual da bacia, do mel e do perfume, vale somente para os participantes da mesa.

20. Se no local onde foi realizada a mesa tiver um congá, após esse ritual, as crianças devem ir uma a uma saindo da mesa, sempre pela direita até o congá para baterem cabeça.

21. Após este ato de bater a cabeça, cada criança, Cosme ou mulher grávida que participaram da mesa, devem ganhar uma fruta, balas e pirulitos.

22. Se a mesa foi feita com a presença de Cosme esses, com certeza, após baterem a cabeça, permanecerão para fazerem a festa, ficando a sua subida a critério do dono da casa.

23. Se no local onde foi realizada a mesa não tiver um congá após esse ritual, da bacia, mel e perfume, as crianças deverão receber, também sempre pela direita, uma fruta, balas e pirulitos e a seguir estão dispensadas, devendo sair da mesa uma a uma, sempre pela direita.

24. Se a mesa foi feita com a presença de Cosme, com certeza, sairão da mesa e permanecerão mais um pouco para fazerem uma festa, ficando a sua subida a critério do dono da casa.

25. Voltando a mesa, comecem a retirar as vasilhas com as sobras de cima da mesma, sem ordem predeterminada a canja, os doces, salgados, balas, pirulitos, refrigerantes ou sucos...

26. Retire as quartinhas (se for o caso), o vaso com flor e por último a vela que deve ser apagada nesse momento (sem soprar a vela apague apenas com o dedo).

27. Junto com outra pessoa, sem limpá-la ou sacudi-la, levante a toalha pelas pontas, juntando as mesmas e dobrando duas ou três vezes na vertical e algumas vezes na horizontal, até ficar bem dobrada (deve ser lavada após sete dias).

28. Se a mesa foi feita em silêncio, ou com tambor (toque), com cantorias (pontos cantados), mande parar tudo, e está encerrada a mesa.

29. A partir de agora os adultos e as crianças que não participaram da mesa, podem comer e beber à vontade, sem qualquer cerimônia, podendo também os participantes repetir se assim desejarem.

30. Se alguns Cosmes (se for o caso) continuarem na terra, e o dono da casa desejar, pode continuar o toque e as cantorias após o encerramento da mesa, ficando a subida dos mesmos a seu critério.

31. Se houver decoração com balões, esses podem ser distribuídos às crianças.

Características de Cosme e Damião

Dia e mês que se comemora: 27 de setembro e 12 de outubro (dia da criança).

Dia da semana consagrado: Sábado. E para alguns, domingo.

Seus números múltiplos: 7, 14, 21.

Sua saudação: Salve Cosme, Damião e Doum, salve os Erês, salve os Ibejís.

As cores de suas velas: Branca, azul e rosa, as três cores juntas, sete cores, toda branca ou azul e rosa.

As cores de suas guias: Branca, azul e rosa sete contas de cada cor, ou todas as cores, menos preta uma conta de cada cor, ou azul e rosa sete contas de cada cor.

As cores de suas quartinhas: Branca, azul e rosa, as três cores juntas ou colorida de várias cores, menos a preta, ou rosa e azul, podendo ser toda rosa ou toda azul.

As cores preferidas de suas roupas: Branca ou coloridas.

Objetos usados pelos Cosmes (incorporados): Carrinhos, mamadeira, chocalho, bichinhos, bolinhas de gude, balão, bola, bonecas, brinquedos em geral.

Suas essências preferidas: Alfazema e benjoim.

Suas flores preferidas: Crisântemo branco

Sua erva sagrada: Manjericão

Imagens de Cosme, Damião, Doum, Erês, Ibejís: Imagem de gesso bastante conhecida e vendida no comércio. Possui nome e forma individual, (vulto infantil) masculino e feminino de madeira ou metal.

As imagens de gesso, madeira ou metal de Cosme, Damião, são particularidades vinculadas aos Cosmes, Erês, Ibejís, sendo elas um elo, de ligação entre a pessoa e a Entidade.

Ervas de Cosme, Damião, Doum, Erês, Ibejís: Alecrim, Guiné-pipiu, Guiné, manjericão, funcho, alevante, Orô, camomila, alfazema, folha da bananeira, folha do coqueiro, espada de São Jorge, Acácia, Manjerona, agrião, trevo, folha de Roma, Angélica, copo de leite, folha de laranjeira, folha de tangerina, folha de moranguinho, girassol, melissa, malva-cheirosa, hortelã cravos e rosas.

Frutas e legumes pertencentes aos Cosmes: Butiá, banana, morango, romã, cacau, coquinho, castanha, manga, pera, tangerina, laranja, maçã, mamão, agrião, quiabo, milho, ervilha, espinafre, caruru.

Bebidas usadas pelos Cosmes: Refrigerantes, sucos, leite.

Seus Metais: Cobre-Bronze, Ouro, Prata.

Seu Planeta: Mercúrio.

Oferendas de Cosme, Damião, Doum, Erês, Ibejís: Balas, pirulitos, bombons, canjica com leite, canja feita de legumes e verduras, salgadinhos todos os tipos, arroz com leite, doce de leite, ambrosia, caruru ou mostarda refogado no molho de tomate, cebola, alho e pimentão e misturado com pirão de farinha de milho ou mandioca, merengues, quindins, cremes, caramelos, bolos, guloseimas em geral, gelatinas, mingau todos os tipos, pudins todos os tipos, milho cozido em espigas, rapaduras, cocadas, pé-de-moleque, frutas todos os tipos, amendoim, pipocas, pipocas carameladas, balas de coco, refrigerantes e sucos em geral, flores, cravos e rosas podendo também usar qualquer tipo de brinquedos nas suas oferendas.

Lugares a levar Oferendas a Cosme, Damião, Doum, Erês, Ibejís: Praça que tenha balanços ou brinquedos, parque de diversões, jardim, campestre, na beira da praia.

Defumações de Cosme e Damião

	Defumação:
Para crianças I	Folha de agrião, Cravo, Folha de quiabo, Guiné-pipiu, Cacau, Folha de moranguinho e Folha de romã
Para crianças II	Folha de bananeira, Manjerona, Alecrim, Malva-cheirosa, Folha de laranjeira, Angélica e Guiné
Para crianças III	Girassol, Folha do coqueiro, Trevo, Folha de tangerina, Folha de romã, Alevante e Folha de moranguinho
Para crianças IV	Manjericão, Funcho, Malva-cheirosa, Alevante, Guiné-pipiu, Hortelã e Folha da bananeira
De Benjoim e Incenso	O benjoim é o perfume dos intelectuais, o perfume da inspiração dos poetas, dos escritores, dos trabalhos mentais e artísticos; é o perfume dos filhos de Xangô e associado ao incenso também é o perfume de Cosme e Damião. Pode ser queimado sozinho ou associado ao incenso, pois ambos têm o poder de inspirar as pessoas a imaginarem coisas que desejam.

Ponto a ser cantado na defumação ou faça uma prece

Defuma Umbanda
Defuma bem
Defuma esses filhos
Para o nosso bem.

Obs.: Caso você não encontre uma determinada erva, substitua por Orô ou Alevante para completar o número. Elas podem ser adicionadas em qualquer tipo de banho ou defumação, independente da finalidade do mesmo e a preparação do banho ou defumação, caso você não saiba procure adquirir o livro Umbanda – Defumações, Banhos, Rituais, trabalhos e oferendas. Nele você encontrará tudo sobre banhos e defumações.

Banhos de Cosme e Damião

	Banhos:
Para crianças agitadas até 14 anos	Arruda-macho ou fêmea (pouco), Vinte e uma folhas de laranjeira e Hortelã (pode acrescentar mel e perfume a gosto)
Para crianças nervosas até 14 anos	Arruda-macho ou fêmea (pouco), Manjericão, Guiné-pipiu, Alecrim e Rosa branca (pode acrescentar mel e perfume a gosto)
De descarrego para criança até 14 anos (usado como calmante)	Sete balas de mel, Pétalas de rosa branca, Malva-cheirosa, Manjericão, Melissa, Guiné-pipiu e Manjerona (pode acrescentar mel e perfume a gosto)
Para energizar crianças doentes	Folha de cacau, Folha do fumo ou fumo em ramo, Alevante, Arruda-macho ou fêmea, Manjerona e Manjericão (pode acrescentar mel e perfume a gosto)
Com leite	Usado como plasma para a recuperação tanto de crianças como de adultos doentes e deve ser tomado em número par. Pode acrescentar mel, perfume e essência de rosa branca.
Das sete águas	Colha um litro de água de sete diferentes pontos: água da chuva, rio, cachoeira, poço, mar, barragem, vertentes, água mineral com e sem gás, cascata, riacho, bica etc. Misture todas as águas, acrescente mel e perfume e divida em dois banhos e dê suavemente na criança. Após o banho higiênico, deixe secar o corpo naturalmente.
Essência de alecrim	O alecrim é usado para repelir pessoas do sexo feminino e atrair pessoas do sexo masculino. Seus efeitos são satisfatórios para casos de doenças incuráveis ou ocultas. Também indicados para banhar crianças com menos de sete anos. Seu poder de concentração benéfica é fabuloso e há muito tempo reconhecido.

Ponto a ser cantado no banho ou faça uma prece

Descarrega, descarrega
Todo o mal que aqui está
Leva, leva, leva
Leva para o fundo do mar
Se tiveres praga de alguém
Desde já seja retirada

Levando para o mar ardente
Para as ondas do mar salgado
Levando para o mar ardente
Para as ondas do mar salgado.

Obs.: Caso você não encontre uma determinada erva, substitua por <u>Orô</u> ou <u>Alevante</u> para completar o numero. Elas podem ser adicionadas em qualquer tipo de banho ou defumação, independente da finalidade do mesmo.

Simpatias de Cosme e Damião

Para a criança andar logo

Quando estiver perto da criança começar a andar, em uma segunda-feira de lua nova, dê sete voltas na casa, com a criança. Se for filho homem, o pai deve fazer e se for filha mulher, a mãe e ninguém mais deve saber dessa simpatia.

Para evitar o aborto

Quando estiver grávida, deixe por duas horas seguidas sua aliança e a de seu marido dentro de um copo de água filtrada. Após, tome toda esta água. Esta simpatia deve ser realizada pela mulher, numa segunda-feira de lua nova. Apenas a mulher e o homem devem saber.

Para evitar brotoejas num recém-nascido

Toda vez que for dar banho na criança, coloque na água do banho três colheres de sopa de leite.

Para a criança deixar de urinar na cama

Numa sexta-feira de lua minguante, entre seis horas da manhã e o meio-dia, esquente a lâmina de um machado novo no fogo até que ela fique vermelha e peça para a criança urinar sobre ela quando ainda estiver quente. Se a criança for menino, deve ser feito pelo pai e se for menina, pela mãe. Ninguém deve saber da simpatia, principalmente a criança.

Para desmamar uma criança

Numa sexta-feira de lua minguante, entre nove horas da manhã e meio-dia, molhe a chupeta da criança em água e sal e coloque na boca dela. Em pouco tempo, ela enjoará de mamar no seio materno. Faça isso três vezes espaçadamente.

Para criança dormir bem

Coloque um copo com água e sal grosso embaixo da cama, sentido cabeceira, e em cima uma tesoura toda de metal aberta. Reze um Pai-Nosso e uma Ave-Maria antes de dormir e troque a água a cada quinze dias.

Para criança sair-se bem em provas

Depois de estudar bem a matéria, ela deve dormir com o livro aberto debaixo de travesseiro.

Para crianças com problemas de peito

Pegue um ovo que não tenha ido à geladeira e escreva três vezes o nome da pessoa com carvão e enrole num pano branco e guarde em um lugar que ninguém mexa. Deixe ali até o ovo secar.

Para criança com asma

À meia-noite de 23 e 24 de junho, dia de São João, a criança doente deve pegar um punhado de sal e jogar três vezes na fogueira. Cada vez falar: *quando este sal nascer, minha asma pode voltar.*

Para crianças que enjoam (vomitam) durante viagens

Coloca-se uma razoável tira de esparadrapo no umbigo da criança, abafando bem. Isso é realmente eficaz. E se a criança souber a razão do esparadrapo, melhor.

Para cortar o medo da criança

Em três sextas-feiras pegue a criança e caminhe com ela. Uma outra pessoa vai andando atrás, cortando com uma faca, o chão, fazendo cruz, e dizendo com fé: *O que corto?* A outra pessoa responde: *medo*. Repita três vezes a frase.

Para curar uma criança de urina solta

É necessário que a criança urine em um tijolo virgem. Três sextas-feiras seguidas (dos antigos feitos apenas de barro).

Para uma criança dormir sossegada

Um pedaço de pano vermelho, uma figa de guiné e outra de arruda. As mesmas devem ser amarradas em forma de cruz. Junte três contas de louça miúda e uma espada de Ogum, tamanho miniatura. Junte o material enrolando-o no tecido vermelho, colocando tudo sob o travesseiro da criança, na hora de dormir.

Pode ser usado em local escondido, na roupa da criança. Para ser usado durante o dia, não deixe pessoas estranhas porem as mãos.

Para realizar um desejo

No dia 27 de setembro, acenda uma vela para São Cosme e São Damião antes das 12 horas e faça a seguinte Oração: *"São Cosme, São Damião, assim como o galho lascou e preso ficou, Jesus Cristo deu todos os poderes, assim também quero alcançar (faça o pedido desejado) com os poderes de Deus e da Virgem Maria, Rainha do Céu, da Terra e do Mar. Amém"*.

À tarde, escolha três porções de doce que você mais gostar e dê a três crianças, em homenagem a São Cosme e Damião.

Oferendas, Rituais e Trabalhos de Cosme e Damião

Segurança para mulheres grávidas

Material necessário

- Dois metros de fita azul;
- Dois metros de fita rosa;
- Dois metros de fita branca;
- Uma vasilha média (bacia ou alguidar) com mieró (Amací);
- Uma vela comum azul;
- Uma vela comum rosa;
- Uma vela comum branca;
- Uma vela branca de sete dias.

Modo de fazer

Com o Mieró pronto numa vasilha, prenda três pontas das fitas juntas e coloque as fitas de molho dentro da vasilha com o Mieró e acenda a vela de sete dias.

Faça uma chamada aos Orixás, guias e protetores, principalmente aos Cosmes e peça proteção e segurança para essa mulher e para a criança que está vindo.

Deixe na frente do congá velando durante três dias. No terceiro dia, coloque a mulher de frente para o congá e faça uma chamada novamente pedindo tudo de bom para a gravidez.

Mande a mulher levantar a blusa para mostrar a barriga, retire as fitas de dentro da vasilha e meça a barriga, pegando as três fitas juntas pelas pontas trazendo de trás (costas) para frente, bem ao meio da barriga.

Marque o local nas fitas onde as três pontas que estão unidas se encontraram, originando a medida da barriga. Marque dando um nó nas três fitas juntas, nem muito apertado nem muito frouxo. Nas próximas medidas, use as pontas que estão unidas como referência para achar a medida, que deve aumentar cada mês, ficando um nó ao lado do outro. Para deixar bem explicado: é como se uma costureira fosse tirar a medida da barriga com um metro, que a cada mês aumenta.

Feito isso, guarde as fitas no congá com o primeiro nó feito, isso para secar naturalmente até o outro mês, que deve ser no mesmo dia do mês repetindo todo o ritual citado. E assim até completar os nove meses.

Passe as velas na pessoa chamando pelos Cosmes e pedindo segurança para a criança que vai nascer. Deixe queimar na frente do congá uma após a outra. Despache o Mieró no pátio.

Antes de sair da casa para medir a barriga, a mulher deve tomar um banho de Cosme, ou um banho doce (água, mel e perfume) depois do banho higiênico.

Essa segurança deve ser feita por uma pessoa capacitada e na frente de um congá até a criança nascer.

Importante: quando a mulher chegar ao hospital para ganhar a criança e for comprovado que ela irá ganhar mesmo, alguém deve avisar a pessoa que fez a segurança ou alguém da casa para que a mesma possa desatar todos os nós das fitas (cuidado para não desatar em alarmes falsos). E não esqueça que a cada nova medida ficará outro nó ao lado do anterior, com um espaço que representa o tamanho que a barriga cresceu.

A medida deve ser tirada sempre no mesmo sentido, no mesmo lugar e do mesmo jeito. Após algum tempo do nascimento da criança, a mãe deve oferecer uma oferenda em agradecimento aos Cosmes.

Segurança de quartinha para criança

Esta segurança de quartinha serve para crianças agitadas, nervosas, ansiosas, que tenham ou estejam com algum problema de saúde ou espiritual.

Material necessário

- Uma quartinha média nas cores de Cosme – toda azul para menino ou toda rosa para menina;
- Duas guias de Cosme;
- Uma vasilha média (bacia ou alguidar) com Mieró onde caibam guias e a quartinha;
- Uma vela sete dias branca;
- Alguns tipos de doces de Cosme – suficiente para encher a quartinha;
- Um rolo de esparadrapo;
- Uma vela comum rosa;
- Uma vela comum azul;
- Uma vela comum branca;
- Banha de Orí;
- Mel.

Modo de fazer

Com o Mieró pronto, coloque a vasilha no assoalho, em frente ao congá. Coloque as guias e a quartinha dentro, acenda a vela de sete dias e faça uma chamada aos Orixás, guias e protetores de Umbanda, principalmente aos Cosmes, e peça tudo de bom para essa criança. Deixe essa vasilha na frente do congá com a vela acesa por três dias. Passado esse tempo, retira as guias e a quartinha da vasilha e seque-as com um pano branco. Pegue a quartinha e coloque os doces escolhidos referente aos Cosmes (sem a embalagem) dentro, socando-os bem e coloque um pouco de mel. Passe a quartinha aberta bem passada no corpo da criança pedindo aos Cosmes tudo de bom.

Passe as velas de Cosme na criança e deixe queimar uma após a outra na frente do congá. Passe a banha de Orí na palma das mãos e passe-as nas guias engraxando-as (imantar) com a banha.

Enrole uma das guias no pescoço da quartinha, coloque a tampa na mesma e lacre a quartinha, bem lacrada, com o esparadrapo e deixe ao lado das velas, em frente ao congá, por sete dias.

Depois, guarde-a num canto do congá ou entregue para pessoa responsável pela criança para levar para casa e guardá-la num lugar seguro e despache o Mieró no pátio.

Coloque a outra guia no pescoço da criança.

Ou pode ser feita da seguinte forma:

Material necessário

- Uma quartinha média nas cores de Cosme – toda azul para menino, ou toda rosa para menina;
- Duas guias de Cosme;
- Uma vasilha média (bacia ou alguidar) com Mieró onde caibam as guias e a quartinha;
- Uma vela sete dias branca;
- Uma vela comum rosa;
- Uma vela comum azul;
- Uma vela comum branca;
- Banha de Orí;
- Mel;
- Meio metro de tecido branco para secar a cabeça da criança.

Modo de fazer

Coloque a vasilha com o Mieró no assoalho (chão) em frente ao congá, coloque as guias e a quartinha dentro, acenda a vela de sete dias e faça uma chamada aos Orixás, guias e protetores de Umbanda, principalmente aos Cosmes, pedindo tudo de bom para a criança. Marque a criança com a banha de Orí e depois com o mel (nas frontes, pescoço frente, nuca e no meio da cabeça), depois ajoelhe a criança de frente para a vasilha e com uma mão lave o meio da cabeça varias vezes com o Mieró que está na vasilha junto com as guias e a quartinha pertencente à criança.

Passe a mão molhada nos outros pontos marcados com Orí e mel somente uma vez – se a criança for de colo, não precisa ajoelhar devendo alguém segurá-la na hora de lavar a cabeça e fazer as marcações.

Seque a cabeça da criança e os pontos marcados com o pano branco, depois passe as velas de Cosme no corpo da criança chamando pelos Cosmes e peça tudo de bom.

Deixe as velas em frente ao congá para serem queimadas uma após a outra, ao lado da vasilha com o Mieró e entregue o pano branco que foi usado na criança para a mãe levá-lo para casa e guardá-lo para futuros reforços.

Na hora de lavar a cabeça da criança o Mieró pode ser amornado com um pouco de água quente para não prejudicar a criança, evitando até mesmo uma gripe.

Deixe a vasilha com o Mieró e os materiais dentro na frente do congá por três dias seguidos. Após, retire os materiais e seque-os com um pano branco.

Passe a Banha de Orí na palma das mãos e passe-as nas guias e na quartinha para engraxá-las (imantá-las).

Coloque uma das guias enrolada no pescoço da quartinha, coloque água na quartinha, tampe-a e coloque num lugar adequado no congá.

Despache o Mieró no pátio. Esta quartinha deve ficar no congá, não podendo a mãe levar para casa, exceto se a mesma tiver um congá ou um lugar reservado em casa como oratório ou santuário.

E deve ser revisada de vez em quando, colocando mais água para que não seque. Isso tem um valor máximo de um ano. Após, se for necessário, você deve renová-la, repetindo tudo igual como foi ensinado, usando os mesmos materiais (quartinha, guias e o pano branco).

Oferenda para mulher engravidar

Material necessário

- Dois pares de sapatinhos comuns;
- Balas sortidas;
- Uma vela branca comum;
- Uma vela azul comum;
- Uma vela rosa comum;
- Uma caixa de fósforos.

Modo de fazer

Encha dois pés direitos de cada par de sapatinhos com balas e leve-os numa praça deixando-os perto de balanços ou brinquedos de criança, dizendo: *São Cosme e São Damião, eu ofereço este sapatinho com balas dentro e tenho muita vontade de ser mãe. Se os senhores me ajudarem e eu conseguir, eu lhe darei o outro.*

Deixe as velas acesas e a caixa de fósforos aberta.

Após ser atendida, não se esqueça de voltar ao local com os outros pés do sapatinho com balas e pague a promessa. Se você preferir, use apenas uma vela com as três cores juntas.

Ritual para curar e acalmar uma criança nervosa
Material necessário

- Uma mamadeira de vidro ou plástico;
- Uma fita rosa 40 cm;
- Uma fita azul 40 cm;
- Uma fita branca 40 cm;
- Uma vela azul comum;
- Uma vela rosa comum;
- Uma vela branca comum;
- Leite;
- Mel;
- Uma caixa de fósforos.

Modo de fazer

Pegue a mamadeira e coloque sete colheres de mel dentro e complete com o leite e introduza dentro da mamadeira um papel escrito com dados da criança (nome e data de nascimento, signo, endereço). Feche a mamadeira e chacoalhe bem até misturar o leite e o mel. Pegue as fitas e ate-as na parte de cima da mamadeira, em forma de tope.

Passe a mamadeira pronta bem passada no corpo da criança e depois as velas, pedindo aos Cosmes para essa criança tudo de bom.

Depois, leve tudo numa praça, jardim, parque ou num campestre aberto e deixe as velas acesas reforçando os pedidos.

Deixe a caixa de fósforos aberta. Se você preferir, deixe as velas queimando no congá por três dias e após despache somente a mamadeira, no mesmo lugar indicado.

Não se esqueça de conferir se o bico da mamadeira está aberto (furado), caso contrário, abra-o. A mamadeira deve ficar como se uma criança fosse usar.

Trabalho para problemas espirituais com crianças

Material necessário

- Um bico seco rosa;
- Um bico seco azul;
- Um bico seco branco;
- Uma fita rosa 20 cm;
- Uma fita azul 20 cm;
- Uma fita branca 20 cm;
- Uma vela branca;
- Uma vela azul;
- Uma vela rosa;
- Uma caixa de fósforos.

Modo de fazer

Pegue os bicos secos e amarre as três fitas juntas nos três bicos. Passe os bicos já amarrados nas fitas no corpo da criança e passe as três velas fazendo os pedidos.

Leve num campo aberto ou praça e ofereça a Cosme, Damião e Doum e acenda as velas e faça os pedidos. Deixe a caixa de fósforos aberta.

Ritual para afastar uma pessoa

Material necessário

- Papel com o nome da pessoa;
- Um balão azul, rosa ou branco;
- Fita azul, rosa ou branca 20 cm;
- Uma vela branca comum;
- Uma vela azul comum;
- Uma vela rosa comum;
- Uma caixa de fósforos.

Modo de fazer

Escreva sete vezes o nome completo da pessoa que está lhe prejudicando num papel branco e introduza-o dentro do balão e encha-o com o nome dentro, atando com uma fita da mesma cor. Jogue o balão num rio de água corrente, pedindo a São Cosme e São Damião que distraia e leve essa pessoa para bem longe do seu caminho.

O balão e a fita devem ser da mesma cor.

Pode usar somente uma vela com as três cores juntas, se você preferir. Mas, deixe as velas ou a vela acesa no local, reforçando seu pedido, com a caixa de fósforos aberta.

Ritual para saúde de uma criança (povo do Oriente)

Material necessário

- Uma toalha branca;
- Um copo virgem;
- Uma garrafa transparente;
- Três rosas brancas;
- Uma vela branca comum;
- Um pires branco;
- Uma caixa de fósforos.

Modo de fazer

Compre uma toalha de cor branca que nunca tenha sido usada, estique-a em cima de uma mesa, encha a garrafa com água filtrada e ponha sobre a mesa, junto às rosas e ponha o copo sobre a garrafa de modo que a mesma fique tampada.

Acenda a vela em cima de um pires branco e faça a seguinte oração: *"peço com todas as minhas forças ao povo médico do oriente que transforme esta água em remédio, e que as forças se concentrem aqui e que o nosso Pai me dê esta graça pedida com tanta humildade"*.

Espere que a vela termine de arder e despache as rosas no mar ou rio. O trabalho está pronto e a água pronta para beber.

Oferenda para fazer um pedido

Material necessário

- Uma vela branca comum;
- Uma vela azul comum;
- Uma vela rosa comum;
- Balas;
- Pirulitos;
- Bombons;
- Uma bandeja;
- Papel de seda branco;
- Uma caixa de fósforos.

Modo de fazer

Três velas juntas acesas, balas, pirulitos e bombons (de preferência sete de cada) em uma bandeja forrada com papel de seda branco ou folhas de mamoneiro.

Faça a entrega da oferenda numa praça, parque, jardim ou local que tenha movimentos de crianças salvando os Ibejís e pedindo o que se quer.

Tratando-se de pagamento de alguma promessa, agradeça tudo que tiver conseguido.

Deixe a caixa de fósforos aberta. Pode usar uma vela só com as três cores juntas.

Oferenda aos Cosmes, Erês e Ibejís

Material necessário

- Uma vela branca comum;
- Uma vela rosa comum;
- Uma vela azul comum;
- Um pacote de balas;
- Uns sete doces;
- Uma garrafa de guaraná;
- Uma caixa de fósforos.

Modo de fazer

Praça pública, parque, jardim ou local que tenha movimento de crianças.

Uma vela branca, uma azul e uma rosa em um dos cantos do local.

Junto, um pacote de balas aberto, sete doces numa bandeja ou em cima de uma folha de mamoneiro, e uma garrafa de guaraná aberta, ao lado. Faça a entrega da oferenda e peça o que quiser.

Se for pagamento de uma promessa, agradeça aos Cosmes, Erês ou Ibejís o que se tiver conseguido. Deixe a caixa de fósforos aberta. E poderá usar uma vela só com as três cores juntas.

Ritual para obter favor das "crianças" sob proteção de Iemanjá

Material necessário

- Uma vela azul clara comum;
- Uma vela azul comum;
- Uma vela rosa comum;
- Uma vela branca comum;
- Uma maçã;
- Mel;
- Sete balas de mel;
- Uma caixa de fósforos.

Modo de fazer

Numa beira de praia, depois de acender uma vela em homenagem à Iemanjá, coloque uma maçã da qual se tirou uma parte do centro com uma faca, e coloque mel de abelha.

Deposite a maçã na areia da praia e cerque com sete balas de mel.

Acenda as velas de Cosme e faça os pedidos, sob a proteção de Iemanjá.

Deixe a caixa de fósforos aberta. E pode usar uma vela só com as três cores juntas.

Para a cura de uma criança

Material necessário

- Um bolo pequeno comprado ou feito em casa;
- Alguns brinquedos em miniaturas;
- Uma vela comum rosa;
- Um bico seco rosa;
- Um bico seco azul;
- Uma vela comum azul;
- Uma caixa de fósforos;
- Dois copos de papelão;
- Um refrigerante guaraná.

Modo de fazer

Enfeite o bolo com os brinquedos e bicos cravando no mesmo em cima e nos lados do bolo. Após leve para um jardim, parque, praça ou local que tenha movimento de crianças.

Arei o bolo num verdinho discreto, sirva os dois copos de guaraná um de cada lado do bolo, acenda as velas também uma de lado e deixe a caixa de fósforos semiaberta com a cabeça dos palitos para fora.

Peça aos Cosmes proteção e saúde para a criança, livrando ela da doença que tanto perturba e incomoda ela.

Saia sem virar as costas e leve a garrafa do guaraná para dar um melhor fim.

Antes de sair de casa para fazer a oferenda passe esse bolo pelo corpo da criança e as velas também.

Obs.: se você tiver congá pode ser feito na frente do mesmo, velar de três a sete dias e despachar em um dos locais indicados. O resto segue igual.

Esse mesmo ritual é muito bom também para a mulher que quer engravidar.

Na hora de realizá-lo, só troque o pedido, e passe o bolo e as velas na barriga da mulher pedindo aos Cosmes o que deseja. O resto segue igual.

Para unir duas pessoas amigas

Material necessário

- Uma vela comum rosa;
- Uma vela comum azul;
- Uma caixa de fósforos;
- Duas fatias de bolo bem doce;
- Mel;
- Uma bandeja de papelão pequena;
- Papel de seda azul;
- Papel de seda rosa.

Modo de fazer

Enfeite a bandeja com os papeis azul e rosa. Coloque em cima da bandeja dois papeis pequenos com os nomes e endereço completo se souber das pessoas que você quer unir, (um papel para cada nome), em cima de cada um dos papeis coloque uma fatia de bolo.

Em cima de cada fatia de bolo coloque um pouco de mel.

Leve para um parque, praça, jardim ou local que tenha movimento de crianças e coloque num lugar discreto.

Acenda as velas uma de cada lado da bandeja e deixe a caixa de fósforos semiaberta com as cabeça dos palitos para fora.

Faça o pedido de união a São Cosme e Damião para esses amigos que por motivo, a ou b, tenha se desentendido.

Ritual para pedir saúde e proteção à criança doente

Material necessário

- Um prato branco virgem;
- Uma vela branca comum;
- Uma vela azul comum;
- Uma vela rosa comum;
- Mel;
- Uma caixa de fósforos.

Modo de fazer

Em um dia de quinta-feira, pegue um prato branco e virgem, coloque num lugar adequado, acenda as três velas de Cosme em forma de um triângulo em cima do prato e ofereça-as a Cosme e Damião e Doum.

Em seguida escreva o nome da criança doente em um pedaço de papel branco, coloque-o no meio do triângulo e derrame no prato em cima do papel um pouco de mel de abelhas, (de modo que as velas fiquem cercadas com mel). Peça à falange de Cosme e Damião e Doum que tragam saúde e força para a criança doente, diga o nome dela, completo.

Durante o trabalho, reze uma oração de Cosme e Damião e a seguir reze uma oração de Ogum pedindo a ele proteção e força. Feito, vire resíduos das velas e mel numa grama verde, no pátio.

Oferenda para acalmar uma criança muito agitada
Material necessário

- Sete qualidades de frutas, menos tangerina e abacaxi;
- Sete qualidades de doces, menos chocolate;
- Uma vela rosa comum;
- Uma vela azul comum;
- Uma vela branca comum;
- Uma garrafa de guaraná;
- Uma caixa de fósforos.

Modo de fazer

Passe as frutas e os doces no corpo da criança e faça os pedidos aos Cosmes.

Arrume tudo num prato, que pode ser de papelão. Antes, forre o prato com folhas de mamona ou papel de seda nas cores dos Cosmes e coloque tudo num jardim.

Em seguida, dê um banho higiênico na criança e depois jogue o guaraná do ombro para baixo. Acenda as velas num local adequado da casa e peça aos Cosmes que tragam paz e harmonia para a criança.

Detalhe: ao lado das velas, coloque um copo com água e um pouco de mel com o nome da criança embaixo do copo.

Deixe-o por três dias e despache o líquido na grama. Pode usar uma vela só com as três cores juntas.

Oferenda para a criança melhorar nos estudos

Material necessário

- Uma caneta nova;
- Uma livreta ou caderno pequeno;
- Uma bandeja de papelão;
- Uma folha de papel de seda branco;
- Uma folha de papel de seda rosa;
- Uma folha de papel de seda azul;
- Uma vela comum branca;
- Uma vela comum rosa;
- Uma vela comum azul;
- Sete bananas;
- Sete balas de mel;
- Mel.

Modo de fazer

A criança deve escrever com a caneta nova uma carta na livreta pedindo a Cosme e Damião que a ajude nos estudos.

Terminada a carta, a criança deve assinar as iniciais do seu nome e aí entra o adulto para contribuir. Enfeite a bandeja com os papéis de seda, coloque a livreta aberta mostrando a carta em cima da bandeja; em cima da livreta coloque a caneta e distribua as bananas descascadas até a metade, as balas de mel sem as embalagens, e por último um pouco de mel por cima de tudo. Passe a bandeja no corpo da criança, principalmente na cabeça.

Peça clareza nos estudos dela e deixe a bandeja no congá por três dias, queimando as velas uma após a outra.

Feito, despache num local adequado aos Cosmes. Se não possuir um congá, leve direto num local adequado e deixe as velas acesas a fim de reforçar os pedidos.

Amalá aos Cosmes

Material necessário

- Alguns doces sortidos;
- Alguns brinquedos sortidos (usados em balão surpresa);
- Farinha de milho grossa;
- Uma gamela média (bacia ou alguidar);
- Caruru ou mostarda (folha);
- Mel;
- Uma vela comum branca;
- Uma vela comum rosa;
- Uma vela comum azul;
- Uma folha de papel de seda branco;
- Uma folha de papel de seda rosa;
- Uma folha de papel de seda azul.

Modo de fazer

Refogue o caruru picado no molho de tomate, cebola, pimentão, alho.

Faça um pirão com a farinha de milho, temperado somente com uma pitada de sal. Quando o pirão estiver pronto, misture bem o caruru.

Depois vire o pirão na gamela, que já deve estar enfeitada, com os papéis de seda e distribua os doces e os brinquedos em cima do pirão enfeitando-o.

Coloque mel por cima de tudo e deixe esfriar e coloque na frente do congá por três dias, acendendo as velas de Cosme espaçadamente uma da outra.

Faça seus pedidos aos Cosmes. Passado esse tempo, despache num lugar adequado aos Cosmes. Se você não possuir um congá, leve direto num local adequado e deixe as velas acesas a fim de reforçar os pedidos.

Este mesmo amalá pode ser feito da seguinte forma:

Material necessário

- Algumas frutas sortidas (picadas como se fosse para salada de frutas);
- Alguns brinquedos sortidos (usados em balão surpresa);
- Farinha de mandioca grossa;
- Uma gamela média (bacia ou alguidar);
- Caruru ou mostarda (folha);
- Mel;
- Uma vela comum branca;
- Uma vela comum rosa;
- Uma vela comum azul;
- Uma folha de papel de seda branco;
- Uma folha de papel de seda rosa;
- Uma folha de papel de seda azul.

Modo de fazer

Refogue o caruru picado no molho de tomate, cebola, pimentão, alho.

Faça um pirão com a farinha de mandioca, temperado somente com uma pitada de sal. Quando o pirão estiver pronto, misture bem o caruru.

Depois vire o pirão na gamela, que já deve estar enfeitada, com os papéis de seda e distribua as frutas picadas e os brinquedos em cima do pirão enfeitando-o.

Coloque mel por cima de tudo e deixe esfriar e coloque na frente do congá por três dias, acendendo as velas de Cosme espaçadamente uma da outra.

Faça seus pedidos aos Cosmes. Passado esse tempo, despache num lugar adequado.

Se você não possuir um congá, leve direto num local adequado aos Cosmes e deixe as velas acesas a fim de reforçar os pedidos.

Oferenda às crianças

Uma oferenda ótima, fácil e original de se fazer aos Cosmes, é você colocar bastante doces e frutas numa vasilha e escolher um dia bom e oferecê-los distribuindo num vilarejo bem pobre, diretamente para as crianças do local.

Experimente a oferenda. Fará você se sentir bem a ver a felicidade das crianças.

Com certeza, esses Cosmes, vão saber retribuir com a mesma energia e felicidade das crianças, que também são Cosmes.

Sugestões

Você mesmo pode criar sua própria oferenda aos Cosmes, basta usar a criatividade, ou até mesmo a inspiração de algum Cosme.

Junte alguns ingredientes dos citados acima no item *Oferenda de Cosmes, Damião, Doum, Erês e Ibejís* e coloque-os em uma bandeja enfeitada nas cores de Cosme, e junto as suas respectivas velas.

Leve tudo em algum lugar adequado aos Cosmes e faça a entrega e seus pedidos, deixando as velas acesas.

Você terá um bom resultado, se fizer com fé e amor.

E se você possuir um congá, deixe na frente do mesmo por três dias, depois despache.

Importante: Todas as oferendas, trabalhos e rituais que forem feitos para saúde de uma criança, devem ser acompanhados, primeiro com uma defumação e um banho de Cosme na criança, isso antes de realizar a oferenda, trabalho ou ritual.

Essas oferendas, simpatias de Cosme, Damião, Erês, Ibejís, podem ser feitas no seu congá, ou direto nos lugares adequados aos Cosmes.

Pontos Cantados de Cosme e Damião

duas vezes
Cosme, Damião
A sua casa cheira
Cheira cravo e rosa
Cheira flor da laranjeira

O sol e a lua
São dois irmãos
Dois irmãos gêmeos
Como Cosme e Damião
Oxalá e Ogum
Que é o mesmo pai

Os filhos de Umbanda
Balançam mais não caem
Os filhos de Umbanda
Balançam mais não caem.

Bahia é terra de dois
É terra de dois irmãos

Governador da Bahia
É Cosme São Damião
Governador da Bahia
É Cosme São Damião

São Cosme, São Damião
Damião, Cosme, Doum
Ele está do outro lado
No cavalo de Ogum

duas vezes
Doum o Doum
Ele é filho de pemba Doum
Quero uma proteção Doum

Vai, vai, vai Doum
Vai, vai, Cosme Damião
Vai com Crispim e Simião lá no jardim
Colher as rosas pra Mãe Iemanjá

duas vezes {
Vai que a onda vai
Vai que a onda vem
Vai que a onda vai
E a lua vai também.
}

❧

Entre as palhinhas, Jesus nasceu
Das criancinhas, tu és amor
Cabelos loiros, olhos azuis
Filho divino, Santo Jesus

Lá ia, lá ia,
Lá em Belém
A noite é linda, Jesus nasceu

Como eu te adoro pequeno assim
Jesus eu choro, tenha dó de mim
Como eu te adoro pequeno assim
Jesus eu choro, tenha dó de mim.

❧

duas vezes {
Papai me compra um balão
Pra todas as crianças
Que tem La no céu
}

duas vezes {
Tem doce mamãe
Tem doce mamãe
Tem doce
Pra Cosme e Damião.
}

❧

São Cosme São Damião
Sua Santa já chegou
Veio do fundo do mar
Que Santa Bárbara mandou

Dois, dois, Sereia do mar
Dois, dois, Mamãe Iemanjá
Dois, dois, Pai Oxalá.

❧

Os Ibejís estão de festa
Ogum está de plantidão
Salve as crianças benditas

Que são puras de coração
Salve o povo de Aruanda
Salve Cosme e Damião.

❧

Eles são pequeninos
Moram na beira do mar
Sua madrinha é sereia

Seu padrinho é beira-mar
Brincam com água e areia
Filhos da Mãe Iemanjá.

Mamãe me deu cocada
Papai me deu guaraná
Titia me deu brinquedos

Vamos todos brincar
Hoje é festa dos Cosmes
Vamos todos festejar.

Saravá Doum,
São Cosme e São Damião
Nesta hora de agonia

Vem salvar os seus irmãos
Vem trazer a alegria
E a sua proteção.

Avistei lá no céu duas estrelas
Bem juntinhas, bem juntinhas
Logo em seguida, eu olhei para a folhinha
Era dia de Cosme e Damião

Salve eles, salve eles
Quem mandou foi Oxalá, pra nos salvar
Salve eles, salve eles
Quem mandou foi Oxalá, pra nos salvar.

Os Cosmes já vão embora
Aruanda está chamando

duas vezes { Vão para o jardim do céu
Oxalá está esperando.

Lá no céu tem três estrelas
Todas três em carreirinha

duas vezes { Uma é São Cosme, São Damião
E a outra é Mariazinha

Hoje é dia de ibeiji
Vamos todos saravá

duas vezes { Salve Cosme, Damião e Doum
E toda falange do mar.

Ibejada está de ronda
São Jorge de prontidão
Salve o povo de Aruanda
Salve Cosme e Damião

Vamos brincar de roda
São Cosme e são Damião
Vamos brincar de roda
São Cosme e são Damião

※

Estrelinha que brilha no céu
É estrelinha que brilha no mar
Estrelinha que brilha na Umbanda
É estrelinha da mãe Iemanjá

É são Cosme e são Damião
E Doum que vem trabalhar
É são Cosme e são Damião
E Doum que vem trabalhar

※

Fui no jardim colher as flores mais formosas
Veio o vovô me ofereceu botão de rosa
Bahia é terra de coco
Cidade de dois irmãos

Governador da Bahia
É são Cosme e são Damião
Governador da Bahia
É são Cosme e são Damião

※

No jardim do céu
brincam as crianças
Quando elas vem em terra
Traz amor e esperança

Venham crianças
Venham brincar
A criança é uma flor
Que merece o nosso amor

※

Joãozinho e Mariazinha
Dê a sua proteção

duas vezes { Saravá toda Ibejada
São Cosme e São Damião

※

Andorinha que voa voa
Andorinha que voa pro céu

duas vezes { Chô chô chô andorinha
Leva as crianças pro céu

※

Alguns nomes de Cosmes

Cosme	Orí	Joãozinho	Iariri
Chiquinho	Gabrielzinho	Mariazinha	Rafaelzinho
Crispin do cantuá	Toquinho	Pedrinho	Marquinho
Mariazinha da praia	Paulinho	Carlinhos	Joaninha
Luizinho	Iari	Aninha	Amelinha
Zezinho	Rosinha	Francisquinha	Marianinha
Francisquinho	Pretinho	Crispiniano	Pretinha
Crispim	Miguelzinho	Tupãzinho	Simião
Doum	Damião		

Obs.: Esses são alguns de muitos nomes que essas crianças costumam atender ou serem chamadas quando estão incorporadas no seu médium.

Como existem Cosmes, Erês, Ibejís, (índios, brancos, negros, orientais e muitos outros), quando baixados no médium, e por serem espíritos infantis, costumam se identificar e atender pelo nome mais simpático usando, a maioria das vezes, nomes próprios no diminutivo.

Nomes e significados de símbolos usados na Umbanda

Âncora	Iemanjá
Arco e flecha	Oxóssi, Caboclos
Balança	Xangô
Bandeira	Fé
Bastão	Pretos Velhos
Bengala	Oxalá
Bonequinho	Cosmes, Erês, Ibejís
Cachimbo	Pretos Velhos
Caveira	Morte, transformação
Cetro	Poder
Chave	Bara, Exu
Círculo e um triângulo dentro apontando para baixo	O baixo plano espiritual
Círculo e um triângulo dentro apontando para cima	Universo
Cobra	Ser rastejante, cura, sabedoria
Cometa	Povo do oriente
Coração	Caridade, Oxalá
Corrente	Tráfico e influência dos escravos africanos
Cruz	Fé cristã
Degraus com cruz	Ascensão pela fé

Espada	Ogum
Espelho	Oxum
Espiral ascendente	Evolução espiritual
Estrela de seis pontas dentro de um círculo	Símbolo de Umbanda
Estrelas todas	Alta magia
Foice	Trabalho
Lança	Africanos
Lua	Força, Vibração, Energia
Machado de dois gumes	Linha de Xangô
Ondas	Povo das águas
Pombo	Divino Espírito Santo, Oxalá
Ponteira	Firmeza, Segurança
Raio	Iansã
Rosário de lágrimas de nossa senhora	Preto-Velhos
Sol	Força, Vibração, Energia
Taça	Vitória
Tesoura	Preto-Velhas
Triângulo	Força de Exu
Tridente côncavo	Pomba-Gira
Tridente retangular	Exu
Vela acesa	Linha das Almas, Luz Espiritual

Obs.: Esses símbolos, na maioria das vezes, são usados em cabalas ou em pontos riscados pelas Entidades de Umbanda e sua Linha de Esquerda.

Algumas personificações na Umbanda

Boiadeiros	Almas desencarnadas de altíssima evolução portadoras de muita luz.
Caboclos	Almas desencarnadas de altíssima evolução portadoras de muita luz.
Exus	Almas desencarnadas portadoras de muita luz que ainda estão em estágio de evolução.
Iansã	Santa Bárbara.
Ibejís, Erês	São Cosme, São Damião e Doum, (almas desencarnadas de crianças portadoras de muita luz).
Iemanjá	N. S. dos Navegantes.
Marinheiros	Almas desencarnadas de altíssima evolução portadoras de muita luz.
Nanã	Sant'Anna.
Ogum	São Jorge.
Olorum	Deus.
Oxalá	Jesus Cristo.
Oxóssi	São Sebastião.
Oxum	N. S. Aparecida, Imaculada Conceição.
Pombas-Gira	Almas desencarnadas portadoras de muita luz que ainda estão em estágio de evolução.
Pretos-Velhos	Almas desencarnadas de altíssima evolução portadoras de muita luz.

Tupã	Deus.
Xangô	São Jerônimo.
Zãmbi	Deus.

Obs.: Algumas podem variar de acordo com o Estado ou país.

Calendário festivo dos santos católicos e alguns sincretismos umbandista e africanista

Janeiro

01/01 Maria Santíssima Mãe de Deus
03/01 Santa Genoveva
06/01 Reis Magos
08/01 Batismo do Senhor
08/01 Santo Antônio de Catigeró
10/01 São Gonçalo do Amarante
20/01 São Sebastião – **Oxóssi – Odé**
21/01 Santa Inês
22/01 São Vicente Pallotti
25/01 Conversão de São Paulo Apóstolo
27/01 Santa Ângela de Mérici
28/01 São Tomás de Aquino
31/01 São João Bosco

Fevereiro

02/02 N. Sra. dos Navegantes – **Iemanjá**
02/02 N. Sra. das Candeias
03/02 São Brás
05/02 Santa Agueda
08/02 Josephina Backita
09/02 Santa Apolônia
10/02 Santa Escolástica
11/02 N. Sra. de Lourdes – **Oxum**
14/02 São Valentim
16/02 N. Sra. do Desterro
18/02 Santa Bernadete – **Otim**
20/02 Beatos Francisco e Jacinta de Fátima

Março

10/03 São Domingos Sávio
14/03 Santo Antônio de Catigeró
15/03 São Longuinho
19/03 São José – **Bara**
21/03 São Bento
25/03 Anunciação de N. Senhora
26/03 São Dimas
31/03 São Benedito – **Bara, Ossaim**

Abril

02/04	São Francisco de Paula	25/04	São Marcos
02/04	N. Sra. do Desterro	26/04	N. Sra. do Bom Conselho
19/04	Santo Expedito – **Logun Edé, Bara**	27/04	Santa Zita
		29/04	Santa Catarina de Siena
23/04	São Jorge – **Ogum**	30/04	Divino Espírito Santo – **Oxalá**

Maio

01/05	São José Operário	14/05	São Matias
03/05	São Felipe	19/05	Santo Ivo
04/05	São Pelegrino	22/05	Santa Rita
04/05	Santa Mônica	24/05	Santa Sara
08/05	São Vitor	24/05	N. Sra. Auxiliadora
11/05	Santa Joana	25/05	Santa Maria Madalena
12/05	São Pancrácio	26/05	N. Sra. do Caravágio
13/05	N. Sra. de Fátima – **Oxum**	30/05	Santa Joana D'Arc – **Obá, Oyá**
13/05	Libertação dos Escravos – **Pretos-velhos**	31/05	N. Sra. da Visitação

Junho

03/06	Santíssima Trindade	23/06	Imaculado Coração de Maria – **Oxum**
09/06	Padre Anchieta		
12/06	Santo Onofre	24/06	São João Batista – **Xangô Kaô, Xangô, Agodô**
13/06	Santo Antônio – **Bara, exu, Ogum**		
		25/06	Menino Jesus de Praga – **Oxalá**
15/06	São Vito	27/06	N. Sra. do Perpétuo Socorro
21/06	São Luís Gonzaga	29/06	São Pedro – **Bara, exu, Xangô Agodô**
22/06	Sagrado Coração de Jesus – **Oxalá**		
		29/06	São Paulo – **Ogum**

Julho

03/07	São Tomé	08/07	N. Sra. das Graças – **Oxum**
04/07	Santa Isabel	09/07	N. Sra. Mediugórie ou N. Sra. Rainha da Paz
06/07	Santa Maria Goretti		

Calendário festivo dos santos católicos e alguns sincretismos | 177

09/07 Santa Paulina
11/07 São Bento
12/07 N. Sra. dos Campos
13/07 N. Sra. da Rosa Mística
14/07 São Camilo de Léllis
16/07 N. Sra. do Carmo – **Oxum**
22/07 Santa Madalena

25/07 São Cristóvão – **Ossanha**
25/07 São Tiago
26/07 Santa Ana – **Nanã Buroquê (Borocum)**
26/07 São Joaquim
29/07 Santa Marta
31/07 São Inácio de Loyola

Agosto

02/08 N. Sra. dos Anjos
04/08 São João Maria Vianei
05/08 N. Sra. das Neves – **Ewá**
06/08 Bom Jesus
07/08 São Caetano
08/08 São Domingos
10/08 São Lourenço – **Irocô**
10/08 Santa Filomena
11/08 Santa Clara
12/08 N. Sra. das Cabeças
15/08 N. Sra. da Glória
15/08 N. Sra. da Assunção
15/08 N. Sra. Desatadora dos Nós

15/08 N. Sra. doa Prazeres
15/08 N. Sra. da Abadia
15/08 N. Sra. da Saúde
15/08 N. Sra. Achiropita
16/08 N. Sra. do Amparo
16/08 São Roque – **Omulu, Xapaná**
18/08 Santa Helena
22/08 N. Sra. Rainha da Paz
23/08 Santa Rosa de Lima
24/08 São Bartolomeu – **Oxumaré**
27/08 Santa Mônica
28/08 Santo Agostinho
31/08 São Raimundo Nonato

Setembro

07/09 N. Sra. do Rosário – **Oxum**
08/09 N. Sra. da Penha
08/09 Natividade de Nossa Senhora
08/09 N. Sra. do Monte Serrat
15/09 N. Sra. das Dores
16/09 São Cipriano
19/09 São Januário
21/09 São Mateus
21/09 Santa Efigênia
23/09 São Pio de Pietrelcina – Padre Pio
24/09 São Geraldo

26/09 São Cipriano
27/09 São Cosme, São Damião e Doum – **Ibejís, Erês**
27/09 São Vicente de Paulo
29/09 São Miguel – **Xangô Aganjú**
29/09 São Miguel de Alma – **Chefe da linha de esquerda**
29/09 São Gabriel
29/09 São Rafael
30/09 São Jerônimo – **Xangô da justiça, Xangô Agodô**

Outubro

01/10	Santa Terezinha – **Oyá**	15/10	Santa Tereza
02/10	Anjo da Guarda	16/10	Santa Edwirges
04/10	São Francisco de Assis	16/10	Santa Margarida Maria
05/10	São Benedito – **Bara, Ossaim, Logun Edé**	18/10	São Lucas
		25/10	Frei Galvão
07/10	N. Sra. do Rosário – **Oxum**	28/10	São Judas – **Ossanha**
10/10	N. Sra. de Nazareth	30/10	São Geraldo
12/10	N. Sra. Aparecida – **Oxum, Dia dos Cosmes, Erês, Ibejís**		

Novembro

01/11	Dia de Todos os Santos	22/11	Santa Cecília
02/11	São Lázaro – **Xapaná**	24/11	Cristo Rei
02/11	Finados – **Eguns, Omulú**	25/09	Santa Catarina
05/11	Santa Isabel	26/11	Santa Catarina – **Obá**
14/11	São Lourenço – **Irocô**	27/11	N. Sra. das Graças – **Oxum**
15/11	Dia de Umbanda	30/11	Santo André (Apóstolo)
19/11	Santos Roque Gonzalez e companheiros		

Dezembro

03/12	São Francisco Xavier	12/12	N. Sra. de Guadalupe
04/12	Santa Bárbara – **Iansã**	13/12	Santa Luzia – **Oxalá**
08/12	Imaculada Conceição – **Oxum, Iemanjá**	24/12	Nascimento de Cristo – **Oxalá**
		26/12	Santo Estevão
08/12	N. Sra. Desatadora de Nós	31/12	São Silvestre

Obs.: Algumas dessas datas e sincretismos podem variar de uma nação africana para outra, ou até mesmo de um Estado para outro Estado.

Os gêmeos Ibejí e Hoho na África

Os gêmeos *(Ibejí,* entre os *yoruba,* e *Hoho,* entre os *fon)* são objetos de um culto. Não são nem *Orixás* nem *Vodus,* mas o lado extraordinário desses duplos nascimentos é uma prova viva do princípio da dualidade e confirma que existe neles uma parcela do sobrenatural, a qual recai, em parte, na criança que vem ao mundo depois deles.

Recomenda-se tratar os gêmeos de maneira sempre igual e de compartilhar com muita equidade tudo o que lhes for oferecido.

Quando um deles morre com pouca idade, o costume exige que uma estatueta representando o defunto seja esculpida, e que a mãe a carregue sempre. Mais tarde, o gêmeo sobrevivente, ao chegar à idade adulta, cuidará sempre de oferecer à efígie do irmão uma parte daquilo que ele come e bebe. Os gêmeos significam, aos pais, a garantia de sorte e de fortuna.

Os irmãos Lander, quando exploravam o curso e a foz do rio Níger, em 1830 assinalaram:

> *Quinta feira, 15 de abril. Várias mulheres carregando pequenas representações de crianças em madeira passaram perto de nós durante a manhã. As mães que perderam um filho carregam essas grosseiras imitações, em sinal de luto, durante um tempo indeterminado. Nenhuma delas resolveu se desfazer em nosso benefício de uma dessas lembranças de afeto materno... É de se acreditar que a mortalidade seja imensa entre as crianças, pois quase todas as mulheres que encontramos levavam uma ou várias figurinhas de madeira, a que já nos referimos. Cada vez que essas mães paravam para refrescar-se, não deixavam de apresentar aos lábios dessas pequenas imagens uma parte de seu alimento.*

Richard Burton refere-se ao: *Orixá* das crianças, estátuas feias e pequenas, carregadas pelas mulheres no pano que atam à cintura quando um dos gêmeos morre ou é exterminado. Esses ídolos são enfeitados com anéis e pulseiras de contas. Em Lagos, dois homens os confeccionam ao preço de três *shillings* por peça.

O padre Baudin, copiado por Ellis, diz:

O Ibejí dos Yoruba Nagô é a divindade tutelar dos gêmeos. Um macaquinho preto é sagrado para os Ibejís, fazem ao animal oferendas de frutas e sua carne não pode ser comida pelos gêmeos, ou por seus pais. Esse macaco recebe o nome de Edon dudu ou Edon Oriokun. Um dos gêmeos é geralmente chamado Edon ou Edun.

Quando morre um dos gêmeos, a mãe carrega, juntamente com o sobrevivente, uma pequena estátua de madeira, que mede de sete a oito polegadas, do mesmo sexo da criança morta, isso para impedir que o sobrevivente permaneça ligado ao defunto e também para dar ao espírito do morto um objeto no qual ele possa fixar-se, sem perturbar aquele que sobreviveu. Em Epapo, aldeia à beira da laguna de Lagos, situada entre esta cidade e Badagris, existe um louvor aos Ibejís, um templo célebre onde os gêmeos e os pais realizam peregrinações.

Stephen Farrow acrescenta que:

...os nomes dados aos gêmeos são Taiwo (Ti-aiye-wo, para experimentar o mundo) e Kainde (Kéhin-de, vir atrás). Algumas vezes eles recebem os nomes de Edun e Akoron e a criança que nasce depois deles é chamada Idou.

Richard Burton, copiado por Ellis, reportando-se aos *fon*, escreve o seguinte:

Hoho, o fetiche dos gêmeos que protege esses seres excepcionais. Em Allada, esse nascimento era infame. Os homens não queriam acreditar que uma mulher pudesse ter dois filhos de um homem. Em Abomé, onde se deseja aumentar a população, a mãe é objeto de honrarias... Os fetiches dos gêmeos não têm esposas. A cerâmica dos Hoho assemelha-se a dois fornilhos de cachimbo ligados um ao outro, e um utensílio de ferro, denominado Asen, que consiste em dois pequenos cones de ferro atados a uma vareta de ferro, com seis polegadas de comprimento, também pertence aos Hoho.

Le Hérissé publica:

Como todo acontecimento notável, o nascimento dos gêmeos impressionou o espírito dos daomeanos, que lhe deram uma explicação fabulosa.

A crença popular afirma que os gêmeos provêm de Zoun, mata ou regiões vagas, às quais regressam após sua morte. Existem quatro Zoun. Recebem o nome de Ouekero e correspondem a nossos pontos cardeais... Cada um deles tem seu bosque fechado, em torno de Abomé.

Se você quiser preservar os gêmeos de um destino desfavorável convém saber de qual Zoun eles provêm. É Fa quem informa aos pais interessados sobre essa questão.

Após a manifestação de Fa, os gêmeos, quando já podem andar, são levados ao Zoun indicado, onde são realizados modestos sacrifícios e oferendas de milho, azeite de dendê e miúdos de frango. Em seguida, todos se dirigem em procissão ao mercado. Os gêmeos usam um traje novo e trazem um rosário de búzios em torno do pescoço. Nos punhos e tornozelos, pulseiras feitas com essas conchas. Sua mãe precede-os, agitando uma sineta e algumas mulheres participam do cortejo e, de vez em quando, entoam litanias.

No mercado, estende-se uma esteira no chão para permitir aos gêmeos sentarem-se, enquanto os parentes e amigos desfilam para cumprimentar a ditosa mãe. Bem-comportados e sérios, os infantes submetem-se a todas as cerimônias.

O nome escolhido para os gêmeos é Zinsu e Sagbo para os meninos e Zinhue e Dolu para as meninas. Se, ao nascer, eles se apresentarem pelos pés, seus nomes serão, respectivamente, Agosu, Agosa, Agosi e Agohue. A criança que nasce após os gêmeos chama-se Dosu, se for menino, e Dosi, se for menina.

Eis alguns outros pormenores, tais como me foram confiados em *Abomé*:

"Se alguém está doente, interroga-se Fa e, se Hoho pedir para comer, vai-se até a mata e desenha-se um veve no chão, com farinha de milho e azeite de dendê".

A oferenda consiste em duas cabaças e duas quartinhas pintadas de branco e vermelho. São pronunciadas as seguintes palavras: "*Mijolonan pala we i whe, bonai do te me nue*" (vamos levar o *Hoho* à sua casa para dar-lhe a comida que você pediu).

Um macaco deve passar pelas árvores, do contrário *Hoho* não irá a casa. Se na volta um ou mais macacos aparecerem, é sinal de que ele aceita a oferenda: "*Hoho wai agbantoe*" (os gêmeos aceitam a bagagem).

Os presentes gritam *Bu, bu, bu, bu*, batendo na boca, acompanhados por uma sineta (*gan*), obedecendo ao seguinte ritmo:

Ti gogo gogo
Ti go
Ti gogo gogo
Ti go

No *Brasil*, o culto aos gêmeos *Ibejís* é sincretizado com o culto a *São Cosme e São Damião*. As semanas que precedem o dia 27 de setembro, quando eles aniversariam, são marcadas, na *Bahia*, por festividades muito alegres, durante as quais o prato preferido dos *Ibejís*, o caruru, é oferecido às imagens dos dois Santos e às crianças pequenas reunidas para a comemoração.

Em *Cuba*, Fernando Ortiz indica, referindo-se aos *Ibedyi*, que os *Jimaguas* "Santos" gêmeos, divindades das crianças, não possuem (não baixam em) seus fiéis.

É necessário porem agradá-los por meio de cantos e danças infantis. O culto aos gêmeos influenciados pelos costumes brasileiros trazidos pelos escravos alforriados desenvolveu-se no baixo *Daomé*, e no dia 27 de setembro a associação fraterna dos gêmeos, em *Cotonou*, composta por gêmeos cujos nomes, a exemplo do *Brasil, São Cosme e São Damião*, organizam um piquenique.

(Notas sobre o culto aos Orixás e voduns. Ed. Edusp)

Crianças Índigo na Umbanda

Hoje se fala muito em crianças índigo, principalmente na visão espírita, e já que estamos falando em Cosmes, Erês, Ibejís, crianças e espíritos infantis, aproveito e falo sobre esse assunto.

Sabe-se que crianças trazem consigo amor, carinho, humildade, além de novas ideias e até mesmo novas fórmulas de viver.

Estão vindo numa nova era com uma nova energia, visão, vibração e conhecimentos diferentes. Acredita-se que a mudança da espécie humana e a mudança do planeta estão acontecendo a cada dia que passa, e isso se reflete também nas nossas crianças que estão nascendo hoje, no meio de toda essa evolução material e espiritual.

Estas crianças estão vindo com novas capacidades, potencialidades, intuições, programações e vibrações diferentes das crianças de hoje, capazes de aos quatro anos de idade, dominar e decifrar a evolução de internet como qualquer outra evolução no planeta, como se fossem adultos formados e preparados para tal fim.

Com toda essa mudança, seres que hoje estão desencarnando, também poderão voltar a esse mundo rapidamente.

Estas crianças índigo estão chegando ao nosso planeta cada vez em número maior e são particularmente muito sensíveis, intuitivas, e com uma capacidade até de ler a mente e os pensamentos das pessoas; são capazes de se comunicarem entre si por telepatia. Confirmando assim que podem estar vindo com capacidades paranormais e principalmente com uma facilidade imensa de se sintonizarem ao mundo espiritual.

Com todas essas qualidades e particularidades, acredita-se e torcemos com muito otimismo que no meio dessas crianças, quem sabe pode até nascer outros, Pitágoras, Sócrates, Platão, Aristóteles, Jesus Cristo, Leonardo da Vince, Gandhi, Shweitzer, Einsten, Buda, Osho, Francisco de Assis, Allan Kardec, e um dos últimos, Chico Xavier.

Baseados nas vivências e trajetórias dos nomes citados acima, nós acreditamos que crianças índigo sempre existiram, embora em poucas quantidades e talvez por isso, não tenham conseguido um êxito total em suas missões. E, hoje vendo a necessidade, irresponsabilidade e desordem no nosso planeta, estão vindo em massa. Quem sabe assim sendo elas em maiores quantidades, conseguiram juntas mudar o mundo em que vivemos hoje. Apesar das crianças serem muito nervosas, agitadas, e se irritarem facilmente, elas estão vindo para um mundo de regeneração e trazem um poder de visualização mental muito grande; estão vindo preparadas para a tecnologia do futuro, que com elas dará um outro salto tanto material como espiritual.

Todas as crianças índigo são como um diamante bruto que deve ser lapidado e preparado para que possam cumprir sua difícil missão de melhorar o mundo. A chegada dessas crianças no planeta definirá a lei da causa e efeito, da ação e reação.

– Quem são elas? De onde trazem toda essa inteligência? O que devemos fazer para que se sintam confortáveis vivendo junto com a nossa presença?

Se nós somos umbandistas e cultuamos espíritos que já viveram na terra *(Exus, Pombas-Gira, Caboclos, Preto-Velhos, Boiadeiros, Marinheiros e Cosmes)* é porque acreditamos na reencarnação e também que somos seres reencarnantes.

Baseado nisso, devemos acreditar que nada impede que estas crianças que nascem hoje, tragam consigo o espírito de algum Cosme (daqueles bem danados) que já acompanhou e ajudou muito o seu médium, em espírito durante toda a sua vida encarnado na terra buscando, assim, os dois, cumprirem suas missões e alcançarem juntos a sua evolução, material e espiritual, ao qual tinham se comprometido no astral antes da encarnação do médium.

Porém, após a partida do médium da terra para o Orum, onde deverão se encontrar novamente e juntos analisarem se cumpriram ou não todos os compromissos assumidos perante ao Pai. A partir desse momento estão os dois espíritos livres e liberados para uma nova encarnação, tanto um quanto o outro, em busca de mais uma evolução aqui na terra.

Os espíritos dos Cosmes podem estar vindos encarnados em uma dessas crianças (que hoje são consideradas índigo) para uma nova evolução aqui na terra, buscando sempre o seu aperfeiçoamento como espírito. É a lei universal da causa e efeito, ação e reação. E como é sabido por todos nós umbandistas que hoje os centros de Umbanda não estão dando a devida importância a esses maravilhosos Cosmes, Erês e Ibejís, chamando-os a terra para incorporarem em seus médiuns. Talvez por não termos muitos caminhos abertos por nós mesmos para cumprirmos com os seus interesses. Seja daí e por esse motivo que estão vindo em massa encarnados na terra, nessas crianças consideradas por muitos, crianças índigo.

Como são espíritos reencarnantes, vindo de várias encarnações, trazem um resquício grande de inteligência, sabedoria e conhecimentos passados, que devem ser atualizados e colocados em prática para melhorar o mundo que vivemos hoje. A inteligência e conhecimento desses espíritos são muito grandes, porém a época e os costumes e o local de cada encarnação desses espíritos já não é a mesma.

Portanto, mesmo tendo um alto grau de inteligência, sabedoria e uma facilidade imensa de aprendizagem não os impede de passar pelos nossos aprendizados, familiar, educacional, social e religioso, para que possam assim, se adaptar melhor ao mundo de hoje, e com isso poderem administrar e desenvolver a sua inteligência e conhecimentos com maior facilidade, isso na hora em que esses resquícios aflorarem em cada uma dessas crianças. Evita-se assim que os mesmos se percam no mundo das drogas e criminalidades tornando-se, na maioria das vezes, poderosos líderes contra as pessoas e o planeta.

Talvez por causa de todas as suas encarnações e evoluções, são considerados por nós espíritos muito espertos e de um raciocínio muito rápido. Capazes de inventar e fazer coisas naturais e sobrenaturais com uma facilidade imensa. Veem com o intuito de usar isso tudo para por fim as guerras, drogas e criminalidades...

Tornam-se um exemplo a ser seguido por muitas crianças e muitas vezes se tornam grandes mestres ou dirigentes naquilo que fazem. E por causa de todas essas qualidades, durante toda a sua vida terrena são atacados diversas vezes pelos magos negros do astral, tentando sugar seus espíritos para seus lados negativos para que possam usá-los em seus benefícios contra o lado bom da humanidade.

Com todos esses ataques durante suas trajetórias materiais, essas crianças se tornam seguidamente vítimas de suas investidas, causando-lhes muitas doenças e mal-estar, quando estão sendo atacadas por essas energias negativas lançadas sobre elas e por esses magos.

E como imã na espiritualidade elas acabam atraindo para si facilmente, assim como são os espíritos bem-dotados, com o Q.I. elevadíssimo, vindo de várias encarnações, de várias épocas, de vários lugares, como homem ou mulher, preto ou branco, rico ou pobre...

Talvez seja daí que venha essa inteligência toda, e por isso que estão encarnando na terra, nessas crianças com uma inteligência muito rara considerada por muitos, crianças índigo.

Sabendo disso, nós devemos:

- Amá-las e respeitá-las em todos os aspectos da vida.
- Dar estudo e o máximo de carinho possível.
- Acalmá-las sempre que estiverem nervosas e agitadas ou irritadas.
- Ensinar e orientá-las, sobretudo ao que é certo ou errado.
- Motivá-las a irem em busca de seus ideais e acreditarem sempre nas suas intuições e premonições.
- Apoiá-las e influenciá-las nos seus objetivos e ideais em relação à vida.
- Ensiná-las a não magoar, ignorar ou ofender qualquer tipo de pessoa.
- Orientá-las a considerar a todos, isso independente de cor, raça ou religião.
- Dizer que devem ajudar ao próximo e àquele mais necessitado.
- Mostrar todas as leis religiosas, civis e da natureza.
- Ensinar a não julgar para não serem julgadas.
- Conversar e dialogar sempre.
- Motivá-las a amar os outros como a si mesmos.

Com isso, estaremos criando verdadeiros gênios. Para nós umbandistas, serão sempre crianças. A criança de hoje é o futuro do amanhã!

Recomendações finais

1. Não faça nenhum ritual de banhos, defumações ou oferendas quando estiver em período menstrual.

2. Não faça nenhum ritual de banhos, defumações ou oferendas quando tiver ingerido bebida alcoólica.

3. Quando você realizar algum ritual de banho, oferenda e defumações, evite relações sexuais pelo menos 24h antes da realização do ritual.

4. Não faça nenhum ritual de banhos, defumações e oferendas após ter ido ao cemitério ou velório, salvo se você se descarregar depois, ou quando estiver chovendo.

5. Não faça nenhum ritual se estiver nervoso, agitado ou até mesmo se tiver discutido com alguém.

6. Procure não fazer nenhum ritual usando roupa preta, salvo se for para Exu.

7. Sempre que você fizer um ritual na praia, rio ou mata, cachoeira, cemitério, encruzilhada etc., em primeiro lugar saúde as Entidades que ali residem, pedindo licença para realizar o ritual a uma determinada Entidade. Caso você não saiba o nome das Entidades que ali residem, saúde assim: *"Salve Umbanda, Salve Quimbanda, Salve Povo da Mata, Salve Povo da Rua, Salve Povo do Cemitério, Salve da Praia, Salve os Preto-Velhos etc."* (conforme o local da oferenda).

8. Sempre que você desejar saudar uma Entidade que você saiba o nome e vai oferecer um ritual, use a palavra "Salve" antes do nome da Entidade. Por exemplo: Salve Iemanjá, Salve Exu Tranca-Rua, Salve o Preto-Velho Pai João, Salve Cosme e Damião etc.

9. Todo tratamento espiritual não exime o paciente em caso de doença que necessite de ajuda médica, se já está sob tais cuidados, deve continuá-los.

Boa sorte!

Mensagem final

Encerro essa Obra pedindo a todos os Umbandistas de coração e que amam a natureza, que ajudem a cuidar do nosso planeta, tomem muito cuidado com as Oferendas, Trabalhos, Rituais e Magias de Umbanda, não deixem nos matos, rios, praias, cachoeiras, encruzilhadas e outros locais de arriadas, garrafas de plástico, garrafas de vidros, bandejas de plástico, sacola plástica, enfim, qualquer tipo de material que possa prejudicar a mãe natureza, que é o que a Umbanda cultua (as forças da natureza).

Procure sempre que possível levar suas Oferendas, Trabalhos etc. em materiais, recipiente ou vasilhas que possam se desfazer facilmente quando em contato com a natureza (água, terra, ar), assim com certeza, ele se misturará às forças da natureza desfazendo-se normalmente e trazendo um melhor resultado a você.

Axé!

Outras publicações

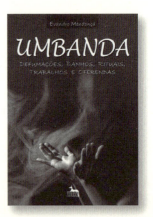

RITUAIS DE QUIMBANDA – LINHA DE ESQUERDA

Evandro Mendonça

Essa obra é mais um trabalho dedicado aos que querem e buscam um pouco mais de conhecimento sobre como trabalhar com os exus e pombas-gira.

São rituais simples, mas muito eficazes, que podem ajudar muito o dia a dia de um médium e de um terreiro de Umbanda.

Espero que façam um bom uso desses rituais, e nunca esqueçam a lei do livre arbítrio, ação e reação e do merecimento de cada um. Somos livres para plantarmos o que quisermos, mas somos escravos para colhermos o que plantamos.

Formato: 16 x 23 cm – 224 páginas

UMBANDA – DEFUMAÇÕES, BANHOS, RITUAIS, TRABALHOS E OFERENDAS

Evandro Mendonça

Rica em detalhes, a obra oferece ao leitor as minúcias da prática dos rituais, dos trabalhos e das oferendas que podem mudar definitivamente a vida de cada um de nós. Oferece também os segredos da defumação, assim como os da prática de banhos. Uma obra fundamental para o umbandista e para qualquer leitor que se interesse pelo universo do sagrado. Um livro necessário e essencialmente sério, escrito com fé, amor e dedicação.

Formato: 16 x 23 cm – 208 páginas

EXU E SEUS ASSENTAMENTOS

Evandro Mendonça inspirado pelo Senhor Exu Marabô

Todos nós temos o nosso Exu individual. É ele quem executa as tarefas do nosso Orixá, abrindo e fechando tudo. É uma energia vital que não morre nunca, e ao ser potencializado aqui na Terra com assentamentos (ponto de força), passa a dirigir todos os caminhos de cada um de nós, procurando sempre destrancar e abrir o que estive fechado ou trancado.

POMBA-GIRA E SEUS ASSENTAMENTOS

Evandro Mendonça inspirado pela Senhora Pomba-Gira Maria Padilha

Pomba-Gira é uma energia poderosa e fortíssima. Atua em tudo e em todos, dia e noite. E as suas sete ponteiras colocadas no assentamento com as pontas para cima representam os sete caminhos da mulher. Juntas às outras ferramentas, ervas, sangue, se potencializam tornando os caminhos mais seguros de êxitos. Hoje é uma das entidades mais cultuadas dentro da religião de Umbanda. Vive na Terra, no meio das mulheres. Tanto que os pedidos e as oferendas das mulheres direcionadas à Pomba-Gira têm um retorno muito rápido, na maioria das vezes com sucesso absoluto.

Formato: 16 x 23 cm – 176 páginas

Formato: 16 x 23 cm – 176 páginas

Distribuição exclusiva

www.aquarolibooks.com.br